W0417621

Investieren in Kryptowährungen

Dein Weg zum erfolgreichen Blockchain-Investment

BTC-ECHO

Copyright © 2017 BTC-ECHO
All rights reserved.

ISBN-10: 1547050942
ISBN-13: 978-1547050949

BTC-ECHO
Investieren in Kryptowährungen

Dein Weg zum erfolgreichen Blockchain-Investment

Dr. Philipp Giese
Mark Preuss
Maximilian Kops
Sven Wagenknecht
Danny de Boer

IMPRESSUM

TEXTE: © COPYRIGHT BY BTC-ECHO

BTC-ECHO UG (HAFTUNGBESCHRÄNKT)
MARK PREUSS
ALBERSALLEE 34
47533 KLEVE
INFO@BTC-ECHO.DE

ALLE RECHTE VORBEHALTEN.

TAG DER ERSTVERÖFFENTLICHUNG: 15.05.2017
WWW.BTC-ECHO.DE

Inhalt

Vorwort

Immer mehr Unternehmen, Banken und Institutionen sehen in der Blockchain-Technologie eine revolutionäre Netzwerkinfrastruktur, die einen enormen Einfluss auf die Wirtschaft und vor allem die Finanzmärkte ausüben wird. Diese neue Infrastruktur ermöglicht es, die bisherigen Grenzen des Internets zu durchbrechen. Gleichzeitig entstehen mit der Blockchain-Revolution Investmentmöglichkeiten in einen schon heute milliardenschweren Markt – den Markt der Kryptowährungen.

Das Internet ermöglicht es uns Informationen auszutauschen. Möchten wir hingegen Werte austauschen, dann sind wir nach wie vor auf Unternehmen und Institutionen als Vermittler bzw. Treuhänder angewiesen. Genau dieses Problem kann die Blockchain lösen. Die Blockchain ist eine Infrastruktur zum Austausch von Werten – von Vermögensgegenständen und Eigentumsrechten, aber auch von sensiblen und privaten Daten.

Dies erklärt, warum die Blockchain-Technologie vor allem im Finanzsektor Aufsehen erregt. Die Blockchain stellt das Geschäftsmodell von Banken als Treuhänder und Vermittler in Frage, da ihre Infrastruktur die gleichen Dienstleistungen – nur schneller, effizienter und günstiger als Finanzinstitute – bieten kann.

Im Zentrum dieser Finanzrevolution stehen die Kryptowährungen, auch digitale Währungen genannt, allen voran die bekannteste unter ihnen: Bitcoin. Die Kryptowährung Bitcoin basiert auf der Blockchain, der sogenannten Bitcoin-Blockchain. Die Erfindung wurde im November 2009 von dem Pseudonym Satoshi Nakamoto – der tatsächliche Erfinder der Bitcoin-Blockchain ist bis heute unbekannt – veröffentlicht und mit ihr entstand eine ganz neue Anlageklasse: die Anlageklasse der

Kryptowährungen.

Kryptowährungen können ähnlich wie etablierte Vermögensanlagen, beispielsweise Aktien oder Anleihen, gehandelt werden. Die größte Schnittmenge besteht aber zu der Anlageklasse der Devisen, beispielsweise etwa zu Euro oder US-Dollar. Der entscheidende Unterschied ist dabei, dass Kryptowährungen digital, staatenlos und dezentral zugänglich sind. Aus diesem Grund sind sie zu einer festen Größe im Devisenhandel geworden, auf die immer weniger Anleger und Trader verzichten wollen. Entsprechend findet man auf jeder großen Finanzplattform eine Kursindikation zu Bitcoin zu Euro oder Bitcoin zu US-Dollar. Wie bei allen anderen Anlageklassen bedarf es auch bei den Kryptowährungen einiges an Know-how, um langfristig Gewinne zu erwirtschaften. Hier gilt, in Anlehnung an Warren Buffet, den erfolgreichsten Investor aller Zeiten, die Aussage:

"*Investiere nur in Dinge, die du auch verstehst.*"

Dieses Buch soll das nötige Rüstzeug anbieten, um erfolgreich in Kryptowährungen zu investieren und mit ihnen zu handeln, um Chancen wahrzunehmen und Risiken zu begrenzen.

Über die BTC-ECHO Redaktion

Die Autoren des Buches betreiben mit BTC-ECHO Deutschlands größtes Online-Magazin im Bereich digitaler Währungen und Blockchain (btc-echo.de). Das interdisziplinäre Redaktionsteam kann dabei auf Berufserfahrung aus dem Bankenbereich, aus Unternehmensberatungen, Hochschulen und politischen Institutionen zurückgreifen. Diese Erfahrung ermöglicht es den Autoren den Markt der Kryptowährungen sowohl von wirtschaftlicher als auch von technischer Seite zu beurteilen. Ziel des Buches ist es, der neuen Anlageklasse der Kryptowährungen sachlich gegenüberzutreten, um so eine chancenorientierte und gleichzeitig kritische Analyse sicherzustellen.

Zur besseren Lesbarkeit werden in diesem Buch personenbezogene Bezeichnungen, die sich zugleich auf Frauen und Männer beziehen, generell nur in der im Deutschen üblichen männlichen Form angeführt, also zum Beispiel „Leser" statt „LeserInnen" oder „Leserinnen und Leser". Dies soll jedoch keinesfalls eine Geschlechterdiskriminierung oder eine Verletzung des Gleichheitsgrundsatzes zum Ausdruck bringen.

Die Informationen in diesem Buch wurden mit größter Sorgfalt erarbeitet. Dennoch können Fehler nicht vollständig ausgeschlossen werden. Die Autoren übernehmen keine juristische Verantwortung oder irgendeine Haftung für eventuell verbliebene Fehler und deren Folgen.

DISCLAIMER

Die Ausführungen in diesem Buch stellen keine Aufforderung zum Kauf oder Verkauf von so genannten Kryptowährungen oder ihn verwandten Anlagegütern dar. Die Inhalte dieses Buches dienen ausschließlich der Information der Leser und stellen keine Anlageberatung und keine Empfehlung im Sinne des Wertpapierhandelsgesetzes (WpHG) dar. Die Inhalte geben ausschließlich die subjektive und persönliche Meinung der Autoren wieder. Die Leser sind ausdrücklich aufgefordert, sich zu den Inhalten des Buches eine eigene Meinung zu bilden und sich professionell und unabhängig beraten zu lassen, bevor sie konkrete Anlageentscheidungen treffen.

KAPITEL 1: Warum in digitale Währungen investieren

Etwas provokant formuliert: Es sind gegenwärtig nicht nur die Vorteile der digitalen Währungen, die zum Erfolg von Bitcoin und anderer digitaler Währungen beitragen, sondern es sind auch die Probleme der globalen Finanz- und Notenbankpolitik, die den Kryptowährungen Auftrieb verleihen. Die Schulden in den westlichen Industrienationen sind so hoch wie nie zuvor und die Notenbanken müssen immer riskantere Maßnahmen durchführen, um für wirtschaftliche Stabilität zu sorgen. Mit dieser expansiven Notenbankpolitik gehen allerdings auch hohe Gefahren für die Geldwertstabilität einher.

Nachdem der Ankauf von Staatsanleihen nicht die erhoffte Wirkung gebracht hat, werden nun von der Europäischen Zentralbank Unternehmensanleihen aufgekauft. Die Gefahr einer Blasenbildung und unkalkulierbaren Preisverzerrungen an den Märkten nimmt damit deutlich zu. Noch dramatischer als die Gefahren dieser Politik sind die Auswirkungen auf das Vertrauen gegenüber dem Euro. Hinzu kommt eine generelle Unsicherheit in der Eurozone. Immer wieder sorgen Austritte oder Austrittsandrohungen für Szenarien, die ein Auseinanderbrechen der Eurozone vorsehen. Sollte es dazu kommen, würde es zu großen Verwerfungen des Euro und Vermögenswerten, die in Euro gehandelt werden, kommen.

Aber nicht nur in der Eurozone, sondern in vielen Ländern dieser Welt wird eine riskante Notenbankpolitik verfolgt. Folglich können Kryptowährungen Unabhängigkeit bieten, da sie abgekoppelt von staatlichen Institutionen funktionieren. Insbesondere in Krisenzeiten können digitale Währungen als flexible Alternative dafür sorgen, Ausweichmöglichkeiten zur Zahlungsabwicklung und Vermögensanlage zu bieten.

So hätten beispielsweise die wirtschaftlichen und sozialen Verwerfungen in Griechenland in der Zeit, als das Bankensystem zum Erliegen gekommen ist, durch digitale Währungen abgemildert werden können. Dadurch, dass in dieser Krisenzeit das Bargeld verknappt wurde, kam es zu enormen Entbehrungen bei Händlern und Verbrauchern. Hätte es zu diesem Zeitpunkt eine ausgebaute Bitcoin-Infrastruktur gegeben, wäre dies in diesem Maße vermutlich nicht passiert.

Ein anderes Beispiel stellen Argentinien, Venezuela oder auch afrikanische Länder wie Nigeria dar. Diese Länder haben mit hoher Inflation zu kämpfen. Digitale Währungen können hier die nötige Stabilität für Unternehmen und Konsumenten gewährleisten, die ihnen durch die Inflation geraubt wird. Länder, die mit einer starken Abwertung der eigenen Landeswährung gegenüber anderen Währungen zu ringen haben, könnten durch die Nutzung digitaler Währungen ihren Import, zumindest in Teilen, auch in schweren Zeiten sicherstellen.

Es gibt allerdings auch gute Argumente für Kryptowährungen, die losgelöst von der wirtschafts- oder finanzpolitischen Situation eines Staates für deren Einsatz sprechen – diese werden im Verlauf des Buches en Detail beleuchtet.

Unternehmen, Investoren und private Haushalte suchen nach vertrauenswürdigen Alternativen für ihre Geldanlage. Dies können zum einen Staaten mit einer soliden Finanz- und Notenbankpolitik sein, solide aufgestellte Unternehmen oder Edelmetalle und Luxusgüter. Diese Anlageoptionen werden nun um eine weitere Anlageklasse ergänzt: die der Kryptowährungen.

Die Unabhängigkeit von politischen und wirtschaftlichen Krisen sowie Institutionen ist die entscheidende Stärke der Kryptowährungen. Die Flucht in digitale Währungen in Krisenzeiten zeigte sich etwa nach dem Brexit-Votum im Juni 2016. Unmittelbar nach der Volksabstimmung in Großbritannien stieg der Bitcoin-Kurs signifikant an. In stürmischen Zeiten nimmt Bitcoin immer häufiger die Rolle eines stabilen Ankers ein. Sei es die Rolle eines Schweizer Franken, einer Bundesanleihe oder die des Goldes – so genannte Fluchtwährungen und Krisenmetalle profitieren von wirtschaftlichen und politischen Verwerfungen. Ähnlich geschieht dies neuerdings auch mit Kryptowährungen, die immer häufiger als Safe Haven fungieren.

Entsprechend ist es für Anleger zu erwägen neben Aktien, Anleihen und Edelmetallen als Teil eines diversifizierten Portfolios und als Absicherung gegenüber Krisenzeiten auch Bestände an Kryptowährungen zu halten.

Bitcoin und andere digitale Währungen dienen dabei keineswegs ausschließlich zur Risikoabsicherung – zwar hat sich ihre politisch-institutionelle Unabhängigkeit in den letzten Monaten als starkes Kaufargument erwiesen, doch haben die Kryptowährungen noch viele weitere Vorteile gegenüber anderen Anlageklassen zu bieten.

Neben technisch-funktionalen Vorteilen, wie zum Beispiel schnelleren und kostengünstigeren Geldüberweisungen, die noch ausführlicher erläutert werden, besteht ein entscheidender ökonomischer Vorteil in der Steuerung bzw. Nicht-Steuerung der Geldmenge bei Bitcoin.

Bei Kryptowährungen bleiben staatliche Institutionen außen vor. Das hat zwar nicht nur Vorteile, stellt aber zumindest eine Alternative zu bestehen Anlageklassen dar, die alle einer institutionellen Regulierung unterliegen und eine starke Abhängigkeit zur nationalen wie internationalen wirtschaftspolitischen Situation aufweisen.

Besonders reizvoll ist bei Kryptowährungen auch die Möglichkeit, Inflations- oder Deflations-Probleme besser als bislang in den Griff zu bekommen. Vor allem Länder, die mit einer hohen Inflation zu kämpfen haben, könnten von einer Kryptowährungs-Integration profitieren, um Sparguthaben und Konsum gegenüber der Inflation abzusichern, schlicht, da es diese Inflations-Problematik bei Bitcoin nicht gibt. Nicht nur hinter Bitcoin, sondern auch hinter den meisten anderen Kryptowährungen steht keine Notenbank oder ein Staat, der Einfluss auf die Geldmenge nimmt.

Im Fall von Bitcoin ist die gesamte Geldmenge, also die Anzahl an Bitcoins, auf 21 Millionen begrenzt – eine Ausweitung ist nicht möglich. Ergo brauchen Besitzer von Bitcoin keine Angst vor Inflation zu haben: eine Entwertung durch Ausweitung der Geldmenge ist bei Bitcoin nicht möglich. Eine pauschale Aussage für Kryptowährungen kann allerdings nicht gemacht werden, da jede Kryptowährung ihre eigene Geldmengen-Policy hat, folglich also auch Inflation möglich sein kann – eine gewisse Inflation ist dabei auch nicht per se schlimm.

Die Begrenzung der Anzahl an Bitcoins ist ein Grund für viele Investoren von steigenden Bitcoin-Kursen auszugehen. Viele Investoren werten diesen Aspekt viel höher als den Status einer unabhängigen Fluchtwährung. Die Logik ist simpel: aufgrund technischer Gegebenheiten, die im Verlauf dieses Buches näher erläutert werden, wird es mit steigender Hash-Rate immer schwieriger und teurer weitere Bitcoins zu generieren.

Doch auch bei Bitcoin gilt wie bei jeder anderen Währung, dass der Wert vom Vertrauen der Menschen abhängt – ohne Vertrauen kein Wert. Ob es zu einem enormen Bitcoin-Kursanstieg und einer Vervielfachung des gegenwärtigen Bitcoin-Kurses kommen wird, hängt von der Akzeptanz und dem Vertrauen der Menschen ab – der technologische Grundstein für eine solche Wertsteigerung ist zumindest gelegt.

Kryptowährungen als Anlageklasse - Eine Einordnung

Die Tatsache, dass Kryptowährungen keiner direkten Regulierung unterliegen, erschwert die Einordnung in das Spektrum der Anlageklassen. Die Beschaffenheit der Blockchain – das technologische Fundament einer jeden Kryptowährung – unterscheidet sich massiv von den Rahmenbedingungen und der Ausgestaltung anderer Währungen und Vermögenswerte. Schließlich gibt es keine Notenbank, keine Aufsichtsbehörde oder sonstige staatliche Institution, die die Emittierung oder Steuerung von Kryptowährungen kontrolliert – es handelt sich um ein öffentlich zugängliches und dezentrales Finanz- bzw. Währungsmodell. Anders als Euro oder US-Dollar werden Bitcoins nicht von Zentralbanken gedruckt und ausgegeben. Bitcoins werden durch das sogenannte Mining (Schürfen) generiert, das theoretisch von jedem Menschen von überall auf der Welt betrieben werden kann. Angemerkt sei dabei aber, dass dieser Weg der Geldschöpfung nicht für alle Kryptowährungen gilt.

Entsprechend verunsichert sind die Regierungen und Institutionen, wie sie Kryptowährungen klassifizieren und regulieren sollen. Eine global-verbindliche, formale Einordnung, ob Kryptowährungen überhaupt eine eigene Anlageklasse darstellen und wenn ja welche, ist bis dato nicht getroffen worden. Um den Kryptowährungen dennoch einen rechtlichen Rahmen zu geben bzw. diese steuerrechtlich zu berücksichtigen, werden diese je nach Regierung und Institution verschieden kategorisiert.

So definiert beispielsweise die Europäische Bankenaufsichtsbehörde (EBA) Bitcoin als eine "digitale Abbildung von Wert". Die Bundessteuerbehörde der Vereinigten Staaten (IRS) klassifiziert Bitcoin als einen Vermögenswert, während sich die US-Wertpapieraufsicht vorbehält, eine fallabhängige Einordnung von Bitcoin vorzunehmen. Kurzum: es herrscht ein regulatorisches Chaos.

Eine ausführlichere Erläuterung der steuerrechtlichen Situation rund um Kryptowährungen findet sich im Kapitel "Steuern bei digitalen Währungen". Dort wird auf die spezielle Lage in Deutschland eingegangen.

Da es keine offizielle, einheitliche Definition und Einordnung von Kryptowährungen gibt, soll im Folgenden ein praktisches Verständnis über die Beschaffenheit und Vergleichbarkeit dieser neuen Anlageklasse geschaffen werden.

Es gibt verschiedene Möglichkeiten Anlageklassen zu unterteilen und zu spezifizieren, die einfachste ist allerdings die Einteilung in folgende Klassen:

- Aktien
- Anleihen
- Immobilien
- Rohstoffe und Edelmetalle
- Währungen
- Kunst oder Luxusgegenstände

Die folgenden Kriterien zur Charakterisierung einer Anlageklasse zählen zu den gängigsten in der Grundlagenliteratur. Allerdings werden diese Kriterien nur auf die Kryptowährung Bitcoin angewendet. Entsprechend müssen die folgenden Erkenntnisse oder Schlussfolgerungen nicht zwangsläufig auf andere Kryptowährungen zutreffen.

Können Investoren oder Privatpersonen in das Anlagegut investieren?

Ja, jedem Menschen auf der Welt steht es frei in Bitcoin zu investieren. Eine Marktkapitalisierung von zur Zeit ungefähr 30 Milliarden US-Dollar (Stand: Mai 2017) sowie ein täglicher Handelsumsatz von ca. 2 Milliarden US-Dollar (ohne China nur ca. 300 Millionen US-Dollar) sprechen für einen ausreichend liquiden Markt. Länder wie Bolivien, Kirgisistan und Bangladesch sind jedoch eine Ausnahme: hier ist die Nutzung von Bitcoin verboten.

Gibt es eine Steuerung oder Kontrolle über das Anlagegut?

Ja, allerdings eine fundamental andere als bei allen anderen Anlageklassen. Bei Bitcoin basiert die Steuerung auf einem vorgegebenen Programmcode in Form eines Protokolls. Das Bitcoin-Protokoll vom anonymen Erfinder Satoshi Nakamoto und ein dezentrales Netzwerk aus allen Teilnehmern beschließen durch Mehrheitsentscheidungen die Agenda des Netzwerks.

Kann das Anlagegut auf einem Index abgebildet werden?

Ja, auf verschiedenen Handelsbörsen wird der Handelskurs von Bitcoin gegenüber den größten Währungen wie US-Dollar, Euro oder Britisches Pfund indiziert. Auch andere Kryptowährungen werden indiziert, allerdings bis auf wenige Ausnahmen ohne einen direkten Wechselkurs zu den Fiatwährungen. Deren Wechselkurs wird in der Regel in Bitcoin und nicht in US-Dollar, Euro oder Pfund Sterling angegeben.

Wie setzt sich der Wert des Anlagegutes zusammen?

Damit etwas wertvoll sein kann, muss es knapp sein. Eine simple Grundlogik, auf der jeder Vermögenswert aufbaut, da es ohne eine Knappheit kaum einen Grund gibt dem Vermögenswert einen monetären Wert gegenüberzustellen. Neben der Knappheit muss allerdings auch eine Nachfrage nach dem Anlagegut vorhanden sein. Schließlich ist Gold nicht nur so wertvoll, weil es knapp ist, sondern auch, weil es von Menschen nachgefragt wird. Die erste Bedingung erfüllt Bitcoin eindeutig, da es auf eine Anzahl von 21 Millionen Stück begrenzt, ergo knapp ist. Die Nachfrage korrespondiert mit dem Vertrauen, das dem Anlagegut gegenüber gebracht wird. Dieses Vertrauen gründet auf der Erwartung, dass der Vermögenswert auch noch zu einem späteren Zeitpunkt gegen Kapital getauscht werden kann. Je mehr Akzeptanzstellen und Handelsbörsen es gibt, an denen Bitcoin getauscht werden kann, umso mehr erfüllt Bitcoin auch dieses Kriterium.

Eignet sich das Anlagegut als Investment oder nur als Spekulation oder weder noch?

Oftmals werden die Begriffe „Investieren“ und „Spekulieren“ wenig trennscharf voneinander verwendet. Die Spekulation unterscheidet sich von der Investition vor allem darin, dass sie nicht auf eine langfristige Wertsteigerung bzw. Kurssteigerung setzt, sondern versucht, aus kurzfristigen Kursschwankungen einen Gewinn zu erzielen. Entsprechend ist die Spekulation der kurzfristige Versuch – losgelöst von der langfristigen, fundamentalen Erwartung – mit Hilfe aktiven Tradings Gewinne aus dem Handelsgeschehen zu ziehen. Auf Bitcoin angewendet trifft beides zu. Laut Blockchain.info und Coinbase hält sich das Verhältnis zwischen Spekulationen und Investitionen gegenwärtig (Stand: Mai 2017) in etwa die Waage. Dies bedeutet, dass ungefähr die Hälfte aller Nutzer Bitcoin kauft, um die Kryptowährung mit der Erwartung steigender Kurse als Vermögenswert zu lagern. Die andere Hälfte nutzt Bitcoin, um aktiv Handel zu betreiben und auf kurzfristig fallende oder steigende Kurse zu wetten.

Besonders kritische Stimmen äußern in diesem Kontext gerne, dass der Begriff Investieren bei der Anlageklasse der (Krypto-)Währungen falsch gewählt sei, da (Krypto-)Währungen im Gegensatz zu Unternehmen oder Staaten keine Gewinne ausschütten oder Zinsen zahlen. Allerdings ist dies bei Edelmetallen und Rohstoffen auch nicht der Fall – trotzdem ist es üblich von Rohstoff- oder Edelmetallinvestments zu sprechen. Entsprechend ist es vollkommen in Ordnung auch bei (Krypto-)Währungen den Begriff „Investieren" zu verwenden, da er vielmehr die Herangehensweise beschreibt als eine spezielle Eigenschaft eines Vermögenswertes. Wer also seine Euros in Bitcoins umtauscht und diese über einen längeren Zeitraum hinweg verwahrt, der darf sich auch als Investor bezeichnen und muss sich nicht mit dem negativ konnotierten Begriff des Spekulanten schmücken.

Gibt es eine Korrelation zum Marktgeschehen bzw. zu anderen Anlageklassen?

Hierbei geht es um die Frage, wie abhängig bzw. unabhängig sich Bitcoin zu anderen Anlageklassen verhält. Hierzu ein einfaches Beispiel: steigt der Aktienindex DAX um 5% und Bitcoin ebenfalls um 5%, dann würde in diesem Fall die Korrelation +1 betragen, da Bitcoin die Kursbewegung der anderen Anlageklasse genau abbildet. Steigt der Aktienindex DAX um 5%, Bitcoin hingegen fällt um 5%, betrüge die Korrelation -1, da

Bitcoin zwar die gleiche Kursbewegung wie die Anlageklasse DAX abbildet, allerdings in die entgegengesetzte Richtung. Genau diese Korrelationen von Bitcoin zu vielen verschiedenen anderen Anlageklassen hat das amerikanische Investmenthaus ARK Invest analysiert. Ergebnis der Untersuchungen war, dass Bitcoin nur eine sehr geringe Korrelation zu anderen Anlageklassen aufweist, ergo relativ unabhängig und eigenständig als Anlageklasse fungiert (Auszug aus den Ergebnissen: S&P 500 0.35; US Bonds 0.28; Oil -0.37; Emerging Market Currencies 0.27). Diese Unabhängigkeit unterstützt das Argument, dass Kryptowährungen eine eigene Anlageklasse darstellen und nicht als eine Unterkategorie von beispielsweise Fiatwährungen oder Gold zu betrachten sind, da andernfalls eine höhere Korrelation wahrscheinlicher wäre.

Wie hoch ist die Volatilität des Vermögenswertes?

Die Volatilität gibt die Schwankungsbreite eines Anlagegutes an. Im Vergleich zu anderen Anlageklassen weist Bitcoin die höchste Volatilität auf, was tendenziell ein Zeichen für geringe Liquidität und hohes Risiko ist. Entsprechend positiv ist zu bewerten, dass die Volatilität in den letzten Jahren deutlich abgenommen hat. Waren vor drei Jahren Tagesschwankungen von 10% und mehr vollkommen normal, so sind sie heute eher eine Ausnahme. Dies zeigt, dass die Kryptowährung Bitcoin über die Jahre eine gewisse Stabilität und Verlässlichkeit ausgebildet hat – ein wichtiges Kriterium, um auch von der breiten Masse, insbesondere von institutionellen Anlegern, ernst genommen zu werden.

Reagiert das Anlagegut auf wirtschaftspolitische Ereignisse?

Es ist schwierig eine eindeutige Aussage zur Abhängigkeit von Bitcoin gegenüber makroökonomischen Ereignissen zu treffen. Dennoch hat Bitcoin im Zusammenhang mit verschiedenen politischen und wirtschaftlichen Ereignissen im Jahr 2016 an Aufmerksamkeit hinzugewonnen. Das Brexit-Votum und die überraschende Wahl Donald Trumps zum US-Präsidenten haben zu unmittelbaren Kurssteigerungen von Bitcoin gegenüber anderen Fiatwährungen geführt. Auch die Entwertung des chinesischen Yuan, die Hyperinflation in Venezuela oder das partielle Banknotenverbot in Indien konnten als positive Treiber für den Bitcoin-Kurs identifiziert werden. Erstmalig erlangte Bitcoin zu Zeiten der Finanzkrise in Zypern große mediale Aufmerksamkeit – es wird vermutet, dass der Preisanstieg und der Bail-out Zyperns am 25. März 2013 korrelierten. Allerdings handelt es sich hierbei allesamt um Annahmen, die nur schwer empirisch belegt werden können. Bewertet man diese makroökonomischen Ereignisse jedoch tatsächlich als Einflussfaktoren auf den Bitcoin-Kurs, so wäre auch dies ein Indiz für eine marktfähige Anlageklasse.

Sicherlich gibt es noch mehr Fragen, um eine Anlageklasse noch ausführlicher zu bestimmen. Auch müssen die gestellten Fragen und Kriterien immer im Kontext betrachtet werden, da sie alleine nur eine geringe Aussagekraft besitzen. Dennoch lässt sich in Summe aufgrund der Ergebnisse die Annahme vorerst bestätigen, dass es sich um eine neue Anlageklasse handelt und nicht etwa nur um eine Unterkategorie einer bereits bestehenden Anlageklasse. Auch wenn die Anlageklasse der Währungen am naheliegendsten erscheinen mag, so sind die Unterschiede doch zu gravierend, um Kryptowährungen in diese einzuordnen (siehe etwa Korrelation, technische

Ausgestaltung, Governance). Nur weil Bitcoin und viele andere Kryptowährungen die Grundvoraussetzungen von Geld erfüllen (Rechenmittelfunktion, Wertaufbewahrungsfunktion und Tauschmittelfunktion), sind sie deswegen noch lange nicht mit den staatlichen Fiatwährungen gleichzusetzen. Kryptowährungen oder auch digitale Währungen sind eine eigene, digitale Anlageklasse basierend auf der Blockchain-Technologie – so wäre theoretisch auch die Bezeichnung "Blockchain-Währung" denkbar.

Darüber hinaus bieten Kryptowährungen im Gegensatz zu anderen Anlageklassen mehrere Verwendungsmöglichkeiten, die über den reinen Werteaustausch hinausgehen, an. So kann beispielsweise die Bitcoin-Blockchain als Plattform genutzt werden, um andere Eigentumsrechte oder Zuordnungen aufzuzeichnen und zu transferieren. Diese technischen Optionen können, sofern sie sinnvoll umgesetzt werden, einen zusätzlichen Anreiz darstellen.

Ebenfalls nicht zu vergessen ist das enorme Marktpotenzial der Kryptowährungen gemessen an dem auf der Welt verfügbaren Anlagekapital von über 70 Billionen US-Dollar. Allein in Deutschland wurde das Geldvermögen im Jahr 2016 auf 5,7 Billionen Euro beziffert. Bedenkt man die gegenwärtig geringe Marktkapitalisierung aller handelbaren Kryptowährungen von ca. 55 Milliarden US-Dollar (Stand Mai 2017), so wird schnell klar, was es bedeuten würde, wenn die Aufmerksamkeit gegenüber Kryptowährungen ansteigen würde.

Nur um sich die Dimension bewusst zu machen, sei folgendes Gedankenspiel erlaubt: Würde in den nächsten Jahren lediglich 1% des weltweiten Geldvermögens (70 Billionen US-Dollar) in Kryptowährungen gewechselt bzw. investiert werden, so würde das eine Steigerung der gegenwärtigen Marktkapitalisierung von über 1.250% mit sich führen (von 55 Mrd. auf 700 Mrd. US-Dollar). Der damit verbundene Kursanstieg gegenüber den Fiatwährungen würde alle anderen Anlageklassen weit übertreffen stellen.

KAPITEL 2: Digitale Währungen

Digitale Währungen, Kryptowährungen oder auch Kryptogelder sind digitale Token, die auf den Prinzipien der Kryptographie beruhen. Primär wurden die digitalen Währungen geschaffen, um einer Einmischung von Drittparteien, beispielsweise von Banken und Regierungen, vorzubeugen. Digitale Währungen sind sogenannte Peer-to-Peer-Währungen, die direkt von Partei A zu Partei B transferiert werden können. Ein Intermediär ist dazu nicht notwendig – ein entscheidender Vorteil gegenüber Fiatwährungen.

Das Konzept der digitalen Währungen stammt ursprünglich aus dem Jahr 1998. Wei Dai formulierte damals den Grundgedanken und machte ihn über die sogennante Cypherpunk Mailingliste bekannt. Aufgegriffen hat die Idee Satoshi Nakamoto – ob es sich hierbei um eine Person oder eine Gruppe handelt, ist bis heute nicht wirklich geklärt. Er veröffentlichte 2008 das „Peer-to-Peer Electronic Cash System"-Whitepaper über ein Bezahlsystem, das von Person zu Person (Peer-to-Peer) funktioniert ohne eine Autorität wie eine Bank dazwischen schalten zu müssen. Das Ergebnis war das auf Kryptographie basierende Bitcoin-Protokoll. Am 3. Januar 2009 war es schließlich soweit: die ersten Bitcoins erblickten das Licht der Welt und wurden auf elektronischem Wege „geschürft".

Geschürft? Digitale Währungen werden nicht wie herkömmliche Fiatwährungen gedruckt, sondern sie werden anhand eines komplexen Algorithmus errechnet oder geschürft. Ähnlich wie beim Gold ist die Anzahl der zu schürfenden Coins in den meisten Fällen limitiert. Im Fall von Bitcoin wird es maximal 21 Millionen Bitcoins geben. Der Algorithmus ist so ausgelegt, dass das Errechnen von Bitcoin zunehmend schwieriger wird und immer weniger Bitcoins als Belohnung an die Miner (Schürfer) ausgegeben werden. Folglich wird die Nachfrage nach digitalen Währungen steigen, das Angebot wird jedoch aufgrund der steigenden Schwierigkeit und der limitierten Ausschüttung stagnieren, wenn nicht gar sinken. Die logische Schlussfolgerung ist ein langfristiger Kursanstieg.

Die Grundlage aller digitalen Währungen, von denen mittlerweile über 700 (Stand Mai 2017) existieren, ist die Blockchain. Die Blockchain ist ein gigantisches Kontenbuch, in dem alle Transaktionen einer digitalen Währung aufgezeichnet und autorisiert werden. Aufgrund der dezentralen Natur von digitalen Währungen gibt es keine zentrale Instanz, die Kontrolle über das Netzwerk und damit über die Transaktionen ausübt. Das Netzwerk wird durch fast 20.000 (Stand Mai 2017) sogenannter Nodes (Knotenpunkte) abgesichert. Alle Transaktionen werden mittels der Nodes auf ihre Richtigkeit geprüft und binnen weniger Sekunden autorisiert. Mittels eines auf dem Computer installierten Clients kann jedermann Teil des Netzwerks werden und seinen Beitrag zur dezentralen Zukunft von digitalen Währungen leisten.

Top 5 der digitalen Währungen

Der Platzhirsch unter den mittlerweile über 700 Kryptowährungen, deren gesamte Marktkapitalisierung bei knapp 55 Milliarden Euro liegt (Stand Mai 2017), ist unangefochten die digitale Währung Bitcoin mit einem globalen Marktanteil von gegenwärtig 55 % (Stand Mai 2017).

Einst hat Bitcoin den Stein ins Rollen gebracht – heutzutage entstehen beinahe täglich neue digitale Währungen. Bei der Entwicklung neuer Kryptowährungen werden dabei oftmals die Schwächen bereits existierender Kryptowährungen genutzt und zum eigenen Vorteil weiterentwickelt. Während bei Bitcoin seinerzeit die Funktion, einen Zahungs- und Vermögenswert zu erschaffen, im Vordergrund stand, stehen bei anderen digitalen Währungen häufig gänzlich andere Grundgedanken im Vordergrund: einige Währungen wurden beispielsweise eigens für die Entwicklung von dezentralen Anwendungen entwickelt. Generell gilt: das Spektrum der Anwendungsgebiete digitaler Währungen fernab der Finanzwelt ist gigantisch.

Ein kurzer Exkurs in die derzeit bekanntesten Top-5-Kryptowährungen (Stand Mai 2017).

Bitcoin (BTC)

Bitcoin (Abkürzung BTC) ist die Mutter aller digitalen Währungen und mit Abstand auch die größte aller Kryptowährungen. Mit einem derzeitigen Marktvolumen (Stand Mai 2017) von knapp 30 Milliarden Euro und rund 400.000 Transaktionen pro Tag ist Bitcoin jedem, der schon einmal mit Kryptowährungen in Berührung gekommen ist, ein Begriff. Die Veröffentlichung der digitalen Währung durch Satoshi Nakamoto im Jahr

2009 war zugleich die Geburtsstunde der Blockchain-Technologie – jener Technologie, die heute als Basis aller Kryptowährungen dient.

Ethereum (ETH)

Ethereum (Abkürzung ETH) wurde 2013 von Vitalik Buterin für die Kombination eigener dezentraler Smart Contracts (Anwendungen) oder DApps (Distributed Apps) mit der Ethereum-Blockchain entwickelt. Smart Contracts sind in der Informatik bereits 40 Jahre alt, doch erst die Kombination mit der Blockchain entfaltete ihr ganzes Potenzial. Für Smart Contracts gibt es eine Vielzahl von Anwendungen, unter anderem E-Voting-Systeme, virtuelle Organisationen, Identity-Management und Crowdfunding. Die Smart-Contracts-Maschine und Crowdfunding-Plattform Ethereum ist nach Bitcoin derzeit die wohl wichtigste Kryptowährung.

Die digitalen Token Ether dienen auf der Plattform vielmehr als Treibstoff für das Netzwerk denn als ein reines Zahlungsmittel. Die Ethereum-Blockchain ist das Rückgrat der Anwendungsplattform. In der Vergangenheit wurden beispielsweise bereits zahlreiche ICOs (Initial Coin Offerings) bzw. Crowdfunding-Projekte über die Ethereum-Blockchain abgewickelt. Der wohl bekannteste ICO war das The DAO Projekt mit einem Investment von mehr als 160 Millionen US-Dollar. Ethereum ist für den Bereich der Anwendungstechnologie das, was Bitcoin für den Finanzmarkt verkörpert.

Ripple (XRP)

Ripple (Abkürzung XRP) ist keine freie Währung wie Bitcoin. Das Startup Ripple Labs hat den XRP Ripple-Coin ins Leben gerufen und verteilt ihn nur in seinem Netzwerk. Auch das Mining fällt weg, denn Ripple Labs erzeugt die Währung XRP selbst. Die Gesamtzahl an Coins ist auf 100 Milliarden begrenzt, wovon über 99 Milliarden bereits erzeugt wurden. Davon will Ripple Labs rund 55 Milliarden an die User des Netzwerkes verteilen. Diese können die Währung nur auf einem Online-Wallet speichern. Der XRP bietet verschiedene Vor- und Nachteile: aufgrund des Online-Wallets sind nicht mehr die User selbst für die Sicherheit verantwortlich. Dadurch, dass Ripple Labs die Währung selbst erzeugt und verteilt, ist der User quasi vom Unternehmen abhängig. Zudem will Ripple Labs fast die Hälfte der Währung für sich behalten. Zusammengefasst handelt es sich bei Ripple Labs also um eine digitale Bank mit eigener Währung.

Litecoin (LTC)

Litecoin (Abkürzung: LTC) ist eine Peer-to-Peer-Kryptowährung, eingegliedert in ein Open-Source-Software-Projekt, das wiederum unter der MIT/X11-Lizenz veröffentlicht wurde. Die digitale Währung war eine der ersten Kryptowährungen neben Bitcoin und wird auch das digitale Silber genannt. Litecoin ist im Gegensatz zu Bitcoin schneller, denn hier wird alle 2,5 Minuten anstatt wie bei Bitcoin alle 10 Minuten ein neuer Block erzeugt. Das ermöglicht eine schnellere Transaktionsbestätigung durch das Netzwerk. Zudem wird es viermal so viele Litecoins wie Bitcoins geben – insgesamt 84 Millionen LTC. Auch der Mining-Algorithmus ist ein anderer: Litecoin-Mining basiert auf Scrypt, während Bitcoin auf SHA256 beruht.

Dash (DSH)

Dash (Abkürzung: DSH) zeichnet sich durch das Konzept der sogenannten Masternodes aus, die Transaktionen mixen und sofortige Bestätigungen ermöglichen. Er gilt als einer der besten Coins für das Bezahlwesen am Markt. Dash definiert sich selbst als eine digitale Währung, bei der Privatsphäre und die Möglichkeit unverzüglicher Transaktionen im Vordergrund stehen. Dash ist ein Neologismus, der für digital cash steht. Entsprechend will die Kryptowährung als digitales Bargeld verstanden werden, das schnell und anonym transferiert werden kann. Ein weiterer Punkt, an dem sich Dash von den genannten Kryptowährungen abhebt, ist das durch die Masternodes realisierte dezentrale Governance-System: Betreiber einer Masternode besitzen bezüglich der Verwendung des Budgets, das der Kryptowährung zur Verfügung steht, Stimmrechte und bestimmen so den weiteren Kurs derselben. So wurde in der Vergangenheit beispielsweise für Werbekampagnen gestimmt, was Dash wiederum zu größerer Bekanntheit verhalf.

Wie kann man digitale Währungen erwerben?

In den ersten Jahren der Bitcoin-Ära war der Kauf und Verkauf von digitalen Währungen ein echtes Abenteuer. Die meisten Nutzer schürften bei der damals noch niedrigen Schwierigkeit ihre Bitcoins ohnehin selbst. Erst mit dem Anstieg der zum Mining benötigten Rechenkapazitäten, die der heimische Computer nicht mehr leisten konnte, wurde das private Mining unrentabel und die Nutzer begannen, allmählich nach Möglichkeiten zu suchen, Bitcoins zu kaufen. Zu Zeiten des ersten Bitcoin-Booms schossen die Handelsplattformen wie Pilze aus dem Boden. Die ersten Kurssprünge lösten eine regelrechte Goldgräberstimmung aus. Es liegt nahe, dass es in solch einer Wild-West-Umgebung viele schwarze Schafe unter den Handelsplattformen gab. Die Plattformen, die es hingegen ernst meinten, konnten oftmals keine angemessenen Sicherheitsstandards bieten und wurden zunehmend Ziel von Hackerangriffen. Auch heute noch werden Krypto-Börsen immer wieder Opfer solcher Hackerattacken. Daher gilt es gut zu überlegen, wo man digitale Währungen kauft und – noch viel wichtiger – wo man sie sicher aufbewahrt. Hierauf wird im späteren Kapitel über Wallets noch detaillierter eingegangen.

Der Markt hat in den vergangenen Jahren viele Handelsplattformen Kommen und Gehen sehen. Doch jene wilde Zeit hatte auch etwas Gutes: die Spreu trennte sich vom Weizen. Wer heute Bitcoin oder eine andere digitale Währung käuflich erwerben will, hat dazu mehrere Möglichkeiten. Im nachfolgenden Abschnitt werden verschiedene Wege vorgestellt, die als sicher, schnell und effizient zu erachten sind. Für welche Möglichkeit man sich letzten Endes entscheidet, liegt an den individuellen

Präferenzen bezüglich Schnelligkeit, Sicherheit und dem gebotenen Maß an Anonymität.

Online-Börsen

Online-Börsen sind der Klassiker für den An- und Verkauf von digitalen Währungen. Das Prinzip ist einfach und wie an einer Börse üblich: Verkäufer bieten ihre Coins für einen bestimmten Preis zum Verkauf an und Käufer geben ein Kaufangebot ab. Findet sich eine Übereinstimmung, kommt der Handel zustande und die Coins wechseln ihren Besitzer.

Bei den Online-Börsen wird das Guthaben meist in Euro oder Bitcoin (BTC) auf die Börse eingezahlt. Wichtig zu wissen ist, dass man der Börse sein Vermögen anvertraut, wenn man seine digitalen Währungen auf der Plattform liegen lässt. Letztlich vertraut man damit erstens dem Betreiber und zweitens dem Sicherheitsmechanismus der Börse, der vor Hackerangriffen schützt. Denn wenn in der Bitcoin-Börse steht, dass sich drei Bitcoins auf dem Konto befinden, besitzt man sie noch lange nicht. Es ist lediglich ein Versprechen des Anbieters, den Anspruch auf diese Menge an Währungseinheiten zu haben.

Die meisten professionellen Trader handeln ausschließlich an Bitcoin-Börsen wie beispielsweise Poloniex. Professionelle Trader tätigen an einem Tag nicht selten mehrere hundert Transaktionen, oftmals vollautomatisch und mit Hilfe von Trading-Bots. Zudem bieten einige Börsen eine Stop-Loss-Funktion, also einen automatischen Verkauf bzw. Kauf, sobald der Kurs einen bestimmten Wert erreicht, an. Dies ist nur möglich, wenn beide Guthaben – Euro und das Coin-Guthaben einer beliebigen Kryptowährung – auf dem Handelsplatz eingezahlt sind. Bitcoin-Börsen bieten daher Vorteile mit

Blick auf die Verfügbarkeit und professionelles Trading. Der Nachteil ist jedoch, dass die Verantwortlichkeit für das Guthaben bei der Börse liegt und diese entsprechend abgesichert sein muss.

Broker

Neben den Online-Börsen etablieren sich zunehmend Broker für digitale Währungen am Markt. Broker bieten anders als die Börsen keine eigenen Wallets oder Online-Konten an und sind somit zu keiner Zeit im Besitz der Nutzer-Guthaben. Der Nutzer kauft nach erfolgreicher Registrierung beim Broker ähnlich wie in einem Online-Shop direkt die gewünschte digitale Währung. Je nach gewählter Zahlungsmethode bekommt der Nutzer die Währungen binnen weniger Minuten in seinem eigenen, zuvor von ihm eigens eingerichteten Wallet gutgeschrieben.

Broker agieren als Mittelsmann – der Nutzer überweist dem Broker den gewünschten Kaufbetrag in Euro und der Broker schickt dem Nutzer die digitale Währung zum entsprechenden Gegenwert. Die Währungen selbst kauft der Broker in Echtzeit bei großen Onlinebörsen und berechnet dem Nutzer für diese Dienstleistung eine geringe Gebühr. Der Vorteil hier ist – je nach Zahlungsmethode (Giropay, Sofort-Überweisung, SEPA oder Kreditkarte) – die schnelle Verfügbarkeit und die direkte Transaktion auf ein eigenes Wallet. Einer der bekanntesten deutschsprachigen Bitcoin-Broker ist Anycoin Direct. Die Plattform bietet eine Vielzahl an Zahlungsmöglichkeiten und neben Bitcoin auch Ether, Litecoin, Monero, Dash und weitere digitale Währungen zum Kauf und Verkauf an.

Face-to-Face

Beim Face-to-Face-Handel vereinbaren die Käufer und Verkäufer zuvor online einen Preis und treffen sich anschließend, um den Handel abzuschließen. Hier bezahlt der Käufer direkt vor Ort in bar und lässt sich die Kryptowährung vom Verkäufer auf sein mobiles Wallet überweisen. Der zuvor festgelegte Kurs dient lediglich als Indikation. Der finale Preis wird beim eigentlichen Treffen aktuell festgelegt.

Bei Face-to-Face-Transaktionen, die etwa über Localbitcoins arrangiert werden können, ist zu beachten, dass der Verkäufer bereits im Vorfeld weiß, wie viel Geld der Käufer für einen erfolgreichen Handel mit sich führen muss. Eine Absicherung durch Freunde und Bekannte und ein Treffen an einem belebten Ort verringert die Chance Opfer eines Betrugs zu werden.

Sicherheit und Aufbewahrung von digitalen Währungen

Nach dem Kauf von digitalen Währungen müssen diese sicher verwahrt werden. Genau wie bei Fiatwährungen stellt sich auch hier die Frage nach einer sicheren Form der Aufbewahrung. Anders als für Bargeld nutzt man nicht etwa ein Sparschwein, ein Portmonee, einen Tresor oder die Bank. In der Welt der digitalen Währungen nennt man ein Medium zum Aufbewahren von Bitcoin, Litecoin und anderen Kryptowährungen „Wallet“. Ohne ein Wallet kann man keine digitalen Währungen empfangen, aufbewahren oder versenden – ein Wallet ist das digitale Portmonee.

Für die Aufbewahrung von digitalen Währungen gibt es verschiedene Arten von Wallets, die allesamt ihre Vor- und Nachteile, insbesondere in Bezug auf Sicherheit und Handhabung, haben. Es gibt Online-Wallets, beispielsweise auf einer Onlinebörse oder als Mobile-Wallet in Form einer App auf dem Handy. Es ist aber auch möglich digitale Währungen in Form einer Anwendung auf dem Computer zu sichern (Bitcoin-Node). Die sicherste Aufbewahrungsoption sind sogenannte offline Paper-Wallets (auf Papier) oder Hardware-Wallets, die auf einer Art USB-Stick gespeichert sind.

Wie erstellt man ein Wallet?

Es gibt verschiedene Möglichkeiten digitale Währungen sicher aufzubewahren. Essentiell ist aber immer die Generierung eines einmaligen Private-Key. Der Private-Key dient dazu, das Wallet zu öffnen und zu verschließen, während der Public-Key an Dritte als Zieladresse für Transaktionen weitergegeben wird. Ähnlich wie beim Login in einen Online-Banking-Account mit einem Nutzernamen und einer PIN benötigt das Login in ein

Wallet den Public-Key (Nutzername) und den Private-Key (Passwort). Letztlich ist das Wallet selbst nur ein Tool, das die Verwaltung von Keys für den Nutzer mit einer grafischen Oberfläche übernimmt. Die Technik soll an dieser Stelle nicht tiefer behandelt werden. Nachfolgend werden die unterschiedlichen Arten von Wallets genauer vorgestellt.

Online-Wallet

Für die meisten ist das Online-Wallet der erste Schritt zum eigenen Wallet. Es lässt sich auf verschiedenen Webseiten einrichten und der Prozess ist vergleichsweise einfach, auch wenn es je nach Anbieter Unterschiede im Komplexitätsgrad gibt. Letztlich sind Online-Wallets Web-Services, die sich um den Private-Key eines Wallets kümmern. Sie sind von jedem internetfähigen Gerät oft ohne zusätzliche Apps zugänglich. Neben dem einfachen Erstellen eines Wallets, dass sich bei Online-Wallets nicht sonderlich von einer Registrierung bei einem Online-Service unterscheidet, ist positiv anzumerken, dass die Privatsphäre auf der Blockchain geschützt ist – man wird dort die Transaktionen von verschiedensten Adressen aus sehen können. Dies nennt sich Rotating-Address. Aber Vorsicht: anonym ist man so gut wie nie. Da dies tief in die technischen Details führt, sei an dieser Stelle auf das Buch "Die Blockchain-Bibel" verwiesen, in dem diese Aspekte untersucht werden.

Auch der EU ist das Rotating-Address-Prinzip aufgefallen, weshalb sie bei Online-Wallets zunehmend auf eine Know-Your-Customer-Policy (KYC) drängt, da sich illegale Aktivitäten wie Geldwäsche oder Rauschgifthandel ohne KYC ungehindert durchführen ließen.

Ein negativer Aspekt vieler Online-Wallets ist die oftmals volle Kontrolle der Plattformen über das Guthaben. Anders als bei einer Bank gibt es darüber hinaus keine Versicherung im Fall des Verlustes der Einlagen. Selbst jene Online-Wallets, die für etwaige Transaktionen auf jeden Fall eine Bestätigung vom Nutzer benötigen, sind zentralisierte Dienstleister, sprich, man braucht auf jeden Fall eine stark zentralisierte Drittpartei. In dieser Hinsicht sind Online-Wallets als sehr gute Transfer-Stationen zu betrachten. Auch für das Trading von digitalen Währungen an den großen Handelsplätzen wie beispielsweise Poloniex haben sich die Wallets als sehr nützlich erwiesen. Wenn man sich hier anmeldet, erhält man automatisch ein Wallet für nahezu alle bekannten digitalen Währungen. Will man beispielsweise Bitcoin in Ether tauschen, geht dies in Sekundenschnelle, da man bereits für beide Währungen ein Wallet besitzt.

Es kann festgehalten werden, dass Online-Wallets sehr einfach einzurichten sind, sich optimal für den schnellen Handel und das Trading eignen, aber die Sicherheit aufgrund der ausgelagerten Kontrolle über die Private-Keys immer von der Börse abhängig ist. Sollte die Börse einmal Opfer eines Hackerangriffs werden, könnten auch die eigenen Bestände in Gefahr sein.

Es ist also empfehlenswert, die sich mit der Zeit anhäufenden Bestände langfristig auf ein Wallet mit einer höheren Sicherheitsstufe zu verlagern. Das Online-Wallet kann als eine Art Girokonto betrachtet werden, mit dem tägliche Buchungen durchgeführt werden. Ein Paper- oder Hardware-Wallet hingegen entspricht eher einem Sparbuch, auf dem die großen Beträge gelagert und verwaltet werden, da hier die Kontrolle des Private-Keys bei einem selbst liegt. Abschließend sei der Unterschied zwischen Online-Börsen und Online-Wallets noch einmal herausgehoben: Während eine Online-Börse in der Regel nur einen Anspruch auf eine bestimmte Anzahl Währungseinheiten bietet, die aber zu diesem Zeitpunkt noch auf der Wallet des Betreibers liegen, speichert man über eine Online-Wallet seine Kryptowährung auf der eigenen Wallet und die Plattform dient nur zur Verwaltung des Private-Keys.

Mobile-Wallet

In der heutigen Zeit ist alles mobil. Wir können Zahlungen über eine PayPal-App initiieren oder Transaktionen mittels der App einer Bank in die Wege leiten. Natürlich ist dies auch bei digitalen Währungen möglich. Entsprechend gibt es eine Menge an mobilen Wallets. Anders als bei Online-Wallets ist hier (größtenteils) der Besitzer auch im Besitz des Private-Key, da die App den Private-Key lokal auf dem Gerät abspeichert. Es gibt sogar Wallets, die NFC (Near-Field-Communication) unterstützen. Dies ist eine Übertragungstechnik für Smartphones, bei der das Ablegen des Smartphones an einer bestimmten Stelle, beispielsweise einer Kasse mit NFC, eine Bitcoin-Transaktion initiieren kann.

Mobile-Wallets speichern oft einen Teil der Blockchain auf dem Endgerät und synchronisieren diesen mit Nodes des Vertrauens – ein Verfahren, das als Simplified-Payment-Verification, kurz SPV, bekannt ist. Natürlich muss einem hier klar sein, dass man zum Teil auch hier auf eine Drittpartei angewiesen ist, im Vergleich zu Online-Börsen oder Online-Wallets jedoch deutlich weniger. Praktisch ist, dass Mobile-Wallets ähnlich wie Online-Wallets oft mit Rotating-Adresses arbeiten und so ein Mindestmaß an Privatsphäre garantieren. Oft nutzen Wallets die geräteeigenen Sicherheitsmaßnahmen – so sind beispielsweise Wallets auf dem iPhone mit iCloud verbunden, sodass im Fall des Verlustes eines Smartphones die geräteeigenen Sicherheitsmaßnahmen greifen.

Schließlich hat jedes Mobile-Wallet, das Zugriff auf die Handykamera hat, die Möglichkeit, via QR-Code einen Public-Key einzulesen. Dies erleichtert die Eingabe des Ziel-Wallets. Eine lange Adresse per Hand einzugeben ist auf Dauer eine mühselige und fehleranfällige Angelegenheit. Insgesamt sind Mobile-Wallets sinnvoll, um das eigene Geld unterwegs zu verwalten und einzusehen. Zu empfehlen sind an dieser Stelle die Mobile-Wallets Jaxx oder Bread Wallet. Beide stehen sowohl für Android als auch iOS zur Verfügung.

Paper-Wallet

Soll ein Wallet nicht dazu dienen, kurzfristige Transaktionen zu initiieren, sondern die sichere, preiswerte und einfache Aufbewahrung sicherzustellen, ist ein Paper-Wallet zu empfehlen. Ein Paper-Wallet ist ein Blatt Papier, auf dem Public- und Private-Key verzeichnet sind. Zur Erinnerung: nur der Public-Key und der Privat-Key werden benötigt, um eine Transaktion durchzuführen – das Wallet ist lediglich ein technisches Hilfsmittel. Man kann solche Paper-Wallets schnell selbst erstellen. Nach dem Transferieren der Coins auf das Wallet, ist das Geld in dem Paper-Wallet „gespeichert“ – natürlich nicht auf dem Papier, sondern in der Blockchain, doch nur jene, die die Information auf dem Blatt Papier haben, können über den entsprechenden Bestand an digitalen Währungen verfügen.

Wie oben bereits erwähnt, ist das Transferieren von digitalen Währungen auf ein Paper-Wallet recht einfach: Unter Kenntnis des Public-Keys bzw. der Adresse des Wallets kann jeder Geld auf dieses Paper-Wallet übertragen. Bitcoins vom Paper-Wallet zu bekommen ist hingegen etwas komplexer. Letztlich ist dies beabsichtigt, kann im Paper-Wallet doch eher eine Langzeit-Anlage denn eine Geldbörse gesehen werden. Um Geld von einem Paper-Wallet zu transferieren, importiert man den Private-Key, um damit ein neues Wallet, beispielsweise ein Online-Wallet, zu kreieren. Nun wird der gesamte auf dem Paper-Wallet gespeicherte Betrag dorthin transferiert. Zwar sollen auch Transaktionen von Teilbeträgen möglich sein, doch führte dies in der Vergangenheit oft zum Verlust der übrigen Coins.

Zu betonen ist, dass ein Paper-Wallet kein Ersatz für ein Online-Wallet oder ein Mobile-Wallet ist. Zu beachten bei Paper-Wallets ist ferner, dass das (ausgedruckte) Blatt Papier das einzige ist, was einen Besitzer der mit dem Wallet assoziierten digitalen Währung von jemand anderem unterscheidet: Jeder, der der auf diesem Papier stehenden Information habhaft wird, hat vollen Zugriff auf das Wallet. Deshalb sollten Paper-Wallets wirklich sicher gelagert werden.

Hardware-Wallet

Hardware-Wallets sind eine sehr sichere Methode zur Aufbewahrung von digitalen Währungen, da sie auf dem Hardware-Wallet offline im sogenannten „Cold-Storage“ gelagert werden. Die Bezeichnung Cold-Storage impliziert, dass der Zugriff auf ein solches Wallet selten ist. Im Gegensatz dazu stehen sogenannte “Hot-Wallets”, die die Online-Börsen im Mikrosekundentakt nutzen.

Das Hardware-Wallet unterscheidet sich vom Paper-Wallet in folgenden Bereichen: bei einem Paper-Wallet besteht das Problem, dass das ausgedruckte Blatt Papier von jedem Menschen nutzbar ist. Wird das Papier geklaut, ist das Geld weg. Zudem wünschen sie viele Nutzer eine Art Komplettsystem, bei dem das Paper-Wallet nicht in ein Online-Wallet importiert werden muss. Auf diese Probleme haben Hardware-Wallets Antworten.

Sie können beispielsweise so konzipiert sein, dass man nur in Zusammenarbeit mit einem Programm an das Geld kommt und dieses Programm eine Zwei-Wege-Authentifizierung benötigt. Eine Zwei-Wege-Authentifizierung erfordert einen speziellen Code, der per SMS oder Smartphone-App gesendet oder generiert wird. Ein Dieb würde hier nicht bloß das Hardware-Wallet, sondern auch das Smartphone bzw. andere zur Bestätigung notwendige Medien benötigen.

Die Private-Keys sind bei einem Hardware-Wallet zumeist in einem abgesicherten Bereich verschlüsselt. Man braucht sich also, obwohl man ihn besitzt, nicht um den Private-Key zu sorgen. Zudem ist der Zugang zu einem Hardware-Wallet selbst auch oft durch eine PIN gesichert. Ein Dieb benötigt also das Hardware-Wallet, die PIN und ggf. das zur Zwei-Wege-Identifikation zugewiesene Smartphone. Nun kann auch ein Hardware-Wallet gestohlen werden, es kann auch verloren gehe, doch hier glänzen Hardware-Wallets mit einem Recovery-Mechanismus: im Zuge der Wallet-Erstellung wird eine Security-Passphrase generiert, die man nutzen kann, um das Wallet auf einem anderen Endgerät derselben Firma wiederherzustellen.

Hardware-Wallets gibt es in verschiedenen Ausführungen: sie können an USB-Sticks erinnernde Smartcards sein, sie können wie Kreditkarten aussehen oder wie Stand-Alone Boxen. Als bekannteste Anbieter sind hier Ledger oder TREZOR zu nennen.

Bitcoin-Core (Desktop-Variante)

Der Bitcoin-Core-Client ist die wohl aufwändigste Methode ein Bitcoin-Wallet einzurichten, bietet aber gleichzeitig auch einen direkten Mehrwert für das gesamte Netzwerk. Ein Core-Wallet ist keine Möglichkeit, die jemandem, der nur einmal in Bitcoin reinschnuppern will, zu empfehlen ist. Zur so genannten *Node* (Bezeichnung für einen Computer, der den Bitcoin-Core-Client ausführt) gehört der Download der gesamten Blockchain – einer Datenmenge, die 100 GB übersteigt und täglich größer wird. Dafür ist der Nutzer unabhängig und Teil der Blockchain. Falls man also Gefallen an Bitcoin findet, sollte man überlegen, einen Bitcoin Core-Client aufzusetzen: man hat dann nicht nur das sicherste aller Wallets, sondern man unterstützt auch das Bitcoin-Netzwerk, indem man es dezentraler macht.

Wie sicher ist ein Wallet?

Der Private-Key eines Wallets ist mit seinen 64 Zeichen bzw. 256 Bit sehr lang. Das bedeutet, dass es 2^{256} verschiedene Kombinationen gibt, was in etwa einer Eins mit 77 Nullen entspricht. Um abzuschätzen, wie wahrscheinlich es ist, ein Wallet mittels Trial-and-Error zu knacken, sei ein Gedankenexperiment vorgerechnet. Falls alle jemals generierten Bitcoins (21 Millionen Bitcoins) derart verteilt wären, dass jedes einzelne Satoshi in eine eigene Wallet kommt, würde das bedeuten, dass insgesamt 2.1 Billiarden Wallets mit jeweils einem Satoshi gefüllt wären. Die Bitcoins wären also maximal verteilt. Selbst dann würden immer noch 10^{52} leere Wallets vorhanden sein, die Wahrscheinlichkeit also, einen Private-Key (mit einem Satoshi!) zu finden, läge bei ca. $1/10^{52}$.

Risiken in der Nutzung von Kryptowährungen

Inhärente Risiken

Das disruptive Potenzial von Kryptowährungen wird häufig bestätigt. Eine nüchterne Betrachtung gebietet jedoch neben der Analyse der Möglichkeiten auch eine Nennung der Risiken. Risiken per se sind kein Argument, das der Adoption einer Technologie im Wege steht. Das Internet ist, obwohl Trojaner, Viren, Botnets, Ransomware und allgemeiner Spam zum digitalen Alltag gehören, ein fester Bestandteil der Gesellschaft geworden. Entsprechend haben auch Unternehmen mit vielen nicht technikaffinen Mitarbeitern eine für jeden anwendbare Informationssicherheits-Strategie entwickelt. Sie regelt etwa, was für E-Mail-Anhänge geöffnet werden und welche Informationen wem am Telefon weitergegeben werden können. Gerade als Investor sollte man entsprechend sensibilisiert für das Thema Cybersicherheit sein. Denn bis diese nun völlig geläufigen Sicherheitsroutinen entwickelt wurden, sind zahlreiche Unternehmen und Individuen Opfer heute offensichtlicher Fehler geworden – nicht selten mit erheblichen finanziellen Schäden. Um die Risiken digitaler W-ährungen zu verstehen, seien diese der Verständlichkeit halber in zwei Kategorien aufgeteilt.

Die erste Kategorie wird als die inhärenten Risiken bezeichnet. Inhärent bedeutet hier, dass diese Risiken speziell bei digitalen Währungen auftreten. Zwar sind einige wenige dieser Risiken nur modifizierte alte Risiken aus dem IT-Bereich, doch im Allgemeinen sind inhärente Risiken eine völlig neue Kategorie, die in dieser Form nur bei digitalen Währungen auftritt. Die zweite Kegorie sind die unabhängigen Risiken. Diese Kategorie ist die Menge aller anderen Risiken und umfasst bereits bekannte Risiken wie etwa Stromausfälle, Betrugsfälle und Marktmanipulation.

Wie man sogenannte Scamcoins, also digitale Währungen, die auf Betrug aufbauen, identifiziert, soll direkt im Anschluss an dieses Kapitel erläutert werden.

Lizenzierung

Für Lizenzierungen gibt es zwei Kategorien: Open-Source und Closed-Source. In der IT-Branche haben sich Open-Source-Programme als sicherer durchgesetzt, da der Quellcode für jeden sichtbar ist und Schwachstellen schnell aufgedeckt werden. Dies lässt sich auch auf digitale Währungen übertragen: Bitcoin beispielsweise ist nur so sicher, weil unzählige freiwillige Helfer den Code überprüfen – eine Arbeit, die ein kleines Unternehmen mit Closed-Source-Programmen nicht zustande bringen könnte. Jedoch zeigen Beispiele wie The DAO, auf die später noch detailliert eingegangen wird, dass auch Open-Source-Programme nicht frei von Risiken sind.

ICOs und Scamcoins

Wie in jeder anderen Branche benötigt die Realisierung innovativer Ideen Kapital. Im Bereich der Kryptowährungen bieten sich verschiedene Finanzierungen an. ICOs und Crowdfunding richten sich eher an viele Teilnehmer mit einem niedrigen durchschnittlichen Kapital. Venture Capital oder Risikokapital richtet sich dagegen an wenige Finanzierungsteilnehmer mit einem hohen durchschnittlichen Kapital.

ICOs und Crowdfunding-Finanzierungen tendieren dazu, dem Entwickler-Team mehr Freiheiten zu geben. Es entsteht kein unmittelbarer Druck durch Gläubiger, sodass die Blockchain eher in die Richtung wächst, die die breite Masse der Unterstützer vorgibt. Häufig stimmen die Ziele des Entwickler-Teams und der breiten Masse der Unterstützer gut überein, sodass auf diese Weise eine starke Community entsteht. Dies kann als positive Eigenschaft einer digitalen Währung verbucht werden. VCs stellen schnelles Geld zu vorab fixierten Rahmenbedingungen zur Verfügung. Mit einem solchen Investment ist die Entwicklergruppe aber zumindest zu einem Teil an ihre Gläubiger gebunden. Doch auch bei ICOs ist Vorsicht geboten, da sie immer wieder in den Fokus von Betrügern rücken. Weiter unten wird hierzu ausführlich erklärt, wie man einen sogenannten Scamcoin, also eine betrügerische digitale Währung, erkennt.

Die 51%-Attacke

Von außen ist eine Blockchain schwer anzugreifen. Die Idee der Dezentralität, die Grundlage der Blockchain, entstand in der Zeit des Kalten Krieges. Um die Kommunikation nach einem Nuklearschlag aufrecht zu erhalten, sah man vor zentrale Kommunikationssysteme zu dezentralisieren. Eine ausreichend große Blockchain wie die Bitcoin- oder Ethereum-Blockchain lässt sich im Gegensatz zur allgemeinen medialen Berichterstattung nicht hacken. Die Grundlagen für einen geordneten Zahlungsverkehr lassen sich dem sogenannten White-Paper entnehmen. Dies ist ein Dokument, das die jeweilige Blockchain erläutert und Code-Beispiele für bestimmte Fälle abbildet. Wie oben unter Lizenzierung thematisiert, würde eine Community eine mögliche Schwachstelle in der Blockchain direkt beheben. Wenn auch nicht von außen, so kann eine Blockchain jedoch Angriffen von innen ausgesetzt sein. Die zwei bekanntesten Angriffe werden hier erläutert. Vor einer Investition bietet es sich an zu überprüfen, wie groß die Chance ist, dass eines dieser beiden Szenarien eintritt.

Das erste Szenario ist eine 51%-Attacke. Sie ist die bekannteste Form eines Angriffs auf eine Blockchain. Der Name leitet sich aus der prozentualen Verteilung der sogenannten Hashing-Power, also dem Maß für die Rechengeschwindigkeit, mit der die Miner die Transaktionen des Netzwerkes sichern, ab. Da alle Miner im Netzwerk Millionen von Hashes in der Sekunde ausprobieren, bis sie den richtigen finden, benötigen sie viel von dieser Hashing-Power. Diese Hashing-Power oder Hash-Rate ist im besten Fall gleichmäßig verteilt.

Im Bitcoin-White-Paper von Satoshi Nakamoto wird erklärt, dass der Großteil des Netzwerks gute Absichten haben muss. Der Großteil muss also den Regeln folgen und nur Blöcke schürfen, die valide bzw. gültig sind. Vereinigt nun ein Miner mehr als 51% der Hash-Rate im Netzwerk unter seiner Kontrolle, so wäre es ihm möglich gegen diese Regeln zu spielen. Da das Netzwerk der längsten Blockchain folgt, könnte er die neuen Blöcke zuerst schürfen und an die Blockchain hängen. Seine Blockchain wäre folglich die längste. So wäre es dem Angreifer möglich Coins auszugeben, die gar nicht existieren, und Transaktionen nach seinen Belieben zu ändern. Aus diesem Grund ist es wichtig, dass ein großindustrieller Miner nicht zu viel Macht mit seiner Hash-Rate erlangt. Wichtig ist ferner, dass die größten industriellen Miner nicht kooperieren können, um einen solchen Angriff durchzuführen.

Eine 51%-Attacke ist jedoch relativ unrentabel für den oder die Angreifer, sofern sie bereits im Besitz vieler Tokens, in diesem Fall Bitcoins, sind, da ein Angriff dieser Art eine digitale Währung ins Chaos stürzen und massive Preisverluste zur Folge hätte.

Auch wenn so ein Angriff unwahrscheinlich ist, sollte man wissen, dass es ihn geben kann und dass er aus der Zentralisierung der Miner entstehen kann. Die Verbreitung dieses Wissens kann davor schützen, dass es jemals zu einem solchen Angriff kommt.

Exploit

Es würde den Rahmen des Buches sprengen jede Art eines Hacks zu erklären. Mit Hack bezeichnet man im allgemeinen Sinne den Angriff auf eine IT-Struktur – sei es eine Internetseite, ein Forum oder eben eine Blockchain. Ein Exploit ist eine Art Hack, der eine Schwachstelle im Quellcode ausnutzt. Wichtig für Investoren ist es zu wissen, dass eine größere Codebase auch eine größere Angriffsfläche bietet.

Im Sommer 2016 erlangte die sogenannte The DAO große Aufmerksamkeit. Die Dezentrale Autonome Organisation wurde mit Hilfe von Ethereums Smart-Contracts entwickelt und sollte in der Lage sein das Geld verschiedener Anleger selbst zu verwalten. Ein gewaltiges Konstrukt, das die Entwicklung von Software für die Ethereum-Blockchain vorantreiben sollte.

Leider wurde schnell festgestellt, dass ein Hacker das Geld von hunderttausenden Anlegern aus der DAO durch Ausnutzung bestimmter Passagen im Code stehlen konnte. Dieser Exploit entwickelte sich zu einem der fatalsten Hacker-Angriffe der Geschichte und führte zur Teilung des Ethereum-Netzwerks in Ethereum (ETH) und Ethereum Classic (ETC). Ein massiver Wertverlust für Ethereum war die Folge, der erst nach mehreren Monaten wieder korrigiert werden konnte.

Weitere netzwerkspezifische Probleme

Neben 51%-Attacken und Exploits existieren noch weitere netzwerkspezifische Risiken. Der Großteil dieser Risiken ist jedoch meist ein gesondertes Ereignis und bezieht sich auf die spezielle Eigenschaft der betroffenen Blockchain. Bei der Bitcoin-Blockchain ist beispielsweise die Größe eines Blocks begrenzt. Ein Block enthält alle Transaktionen, die innerhalb des letzten geschürften Blocks getätigt wurden. Mit dem Schürfen des nächsten Blocks werden diese Transaktionen überprüft und endgültig durchgeführt. Bitcoins spezifisches Problem seit Anfang 2017 war die Überflutung des Netzwerks mit Transaktionen. Die Blockgröße von 1 MB reichte nicht mehr aus und die normale Funktion des Bitcoin wurde verlangsamt.

Ethereum hatte ebenfalls ein spezifisches Problem. Alle Adressen in der Ethereum-Blockchain hängen wie in einer Art Netz zusammen. Je mehr Adressen existieren, desto größer wird das Netz und desto mehr Knotenpunkte bekommt es. Dieses Netz wird von Block zu Block mitgetragen. Je größer dieses Netz wird, desto aufwändiger wird es dieses Netz immer weiter zu tragen. Genau diese Schwachstelle nutzte ein Angreifer, indem er innerhalb von Sekunden unzählige neue ungenutzte Adressen erstellte, sodass das Netz, das in Fachkreisen Ethereum-State-Tree genannt wird, unaufhörlich wuchs. In der Konsequenz arbeitete das Netzwerk nicht mehr so schnell und flüssig wie zuvor.

Es ist wichtig, die hier genannten Risiken zu kennen sowie regelmäßig nach aktuellen Nachrichten zu den entsprechenden Blockchains Ausschau zu halten, genauso wie ein Aktieninvestor beispielsweise auch nach aktuellen Schlagzeilen und Pressemitteilung zu dem Unternehmen Ausschau hält, in das er investiert hat.

Forks

Wer die Bitcoin-Nachrichten ab Jahresanfang 2017 verfolgt hat, der hat mit Sicherheit den Begriff Fork gehört. Es ist dabei zu unterscheiden zwischen sogenannten Hard-Forks und Soft-Forks. Forks ähneln dabei Software-Updates und bringen neue Funktionen mit sich. Genau wie Updates erfordern sie, dass etwas am Programm verändert werden muss. Hard-Forks gleichen traditionellen Updates: Miner und Nodes müssen die erforderliche Software herunterladen und aktualisieren. Soft-Forks hingegen sind einfache Veränderungen, die weniger Aufwand benötigen. Bei Bitcoin sind Hard-Forks in Verruf geraten, da sie aufgrund der Netzwerkgröße als zu komplex gelten. Von der Bitcoin-Community werden Forks generell als negatives Ereignis eingestuft.

Anders sieht dies bei Ethereum aus. Die zweitgrößte Kryptowährung hat in ihrer kurzen Zeit schon mehrfach Hard Forks durchgeführt. Gründer und Chef-Entwickler Vitalik Buterin äußerte sich offen dazu, dass er Hard Forks zur Implementierung neuer Funktionen einsetzt. Ein Hard Fork wird in der Ethereum-Community relativ positiv angenommen, da die Ethereum-Blockchain so um neue Funktionen erweitert wird.

Eigenschaften von Coins

Kryptowährungen und das alltägliche Bargeld haben bestimmte Eigenschaften, die wir im Alltag als gegeben akzeptieren. Das Hauptaugenmerk als Investor liegt hier auf der Eigenschaft "Fungibilität". Sie beschreibt, dass eine Euro-Münze den gleichen Wert hat wie eine andere Euro-Münze. Euros haben also Fungibilität – eine Eigenschaft, die ihren Wert erhöht. Die Frage der Fungibilität bei Bitcoin führt zu einem weiteren Risiko: Bitcoin ist eine Public-Blockchain, in der jeder jede Transaktion auf der Blockchain nachverfolgen kann. Zwar gibt niemand direkt seinen Namen an, doch hat jeder mindestens ein Wallet, ohne das er keine Zahlungen empfangen oder versenden könnte. Ein solches System ist pseudonym – statt eines Namens könnte man den Besitzer mit einer Wallet-Adresse und mit dieser auch andere Wallet-Adressen eines Nutzers in Verbindung bringen. Es gibt bereits eine Handvoll Dienste, die die Blockchain genau zu solchen Zwecken durchforsten. In dem Moment, in dem sich ein Nutzer seine Bitcoins an einer Börse auszahlen lässt und durch das KYC-Verfahren (Know-Your-Customer) seinen Namen angeben muss, fügen sich der reale Name und das pseudonyme Wallet zu einem Gesamtbild zusammen. Zur Verhinderung solch einer Rückverfolgung existieren verschiedene Lösungen, die an anderer Stelle erklärt werden.

Problematisch wird dies, wenn eine Justizbehörde Bitcoins konfisziert hat. Das passiert, wenn Drogendealer oder Waffenschmuggler aufgeflogen sind und Bitcoins für ihre rechtswidrigen Geschäfte genutzt haben. Nach der Konfiszierung werden die digitalen Währungen wie Bitcoin durch eine Auktion wieder in Umlauf gebracht. Hierbei lässt sich jedoch nachverfolgen, welche Bitcoins per Auktion zurück in den Umlauf gebracht wurden. Es gibt Anbieter, die solche unfreiwillig "kriminellen" Coins blacklisten, also auf eine schwarze Liste setzen, da sie nichts mit dem Geld aus dubiosen Geschäften zu tun haben möchten. Die Fungibilität von Bitcoin ist damit in Gefahr, denn plötzlich ist ein Bitcoin, der unfreiwillig im Drogenhandel genutzt wurde, nicht mehr dasselbe wert wie zuvor.

Als Investor gilt es solche Informationen im Hinterkopf zu behalten. Die Chance an solche zwielichtig genutzten Bitcoins zu geraten ist für den Durchschnittsanwender, der auf einer Börse oder von einem renommierten Anbieter kauft, jedoch gering. Man sollte aber beachten, dass eine Kryptowährung, die wie Bitcoin lediglich eine Public-Blockchain besitzt, nicht länger für Nutzer interessant ist, die ihre Privatsphäre bewahren wollen. Diejenigen, die etwa ihre Privatsphäre vor dem Zugriff autoritärer Staaten sichern wollen, nutzten statt Bitcoin häufiger Kryptowährungen wie Monero (XMR), ZCASH oder DASH, da diese Währungen sehr viel anonymer sind.

Unabhängige Risiken

Gesetzliche Einschränkungen

Um mit digitalen Währungen zu handeln oder sie überhaupt zu nutzen, sollten die gesetzlichen Vorschriften eingehalten werden. Da das Thema digitale Währungen ein brandneues Thema sind, macht es derzeit wenig Sinn eine Liste mit Ländern zu erstellen, die Bitcoin entweder genehmigen oder verbieten. Ein Beispiel dafür wie schnell sich die gesetzliche Lage verändert ist Russland. Russland war lange Zeit dafür bekannt digitalen Währungen kritisch gegenüberzustehen. Dieser Widerstand gipfelte in einem Beschluss Mitte 2015, indem mit Gefängnisstrafe auf die Nutzung von Bitcoin gedroht wurde. Natürlich wirken sich solche gesetzlichen Rahmenbedingungen auf den Preis einer digitalen Währung aus. Russland schwenkte 2017 ebenfalls in Richtung einer Akzeptanz von Bitcoin um. Diese 180-Grad-Wende argumentierte der stellvertretende Finanzminister Alexei Moiseev mit dem Plan, Bitcoin als Mittel zur Geldwäschebekämpfung zu betrachten. Das Beispiel zeigt: Regierungen können innerhalb weniger Monate ihre Positionen gegenüber dieser neuartigen Technologie fundamental verändern.

Die EU beschloss im Oktober 2015 digitale Währungen von der Mehrwertsteuer auszunehmen. Mit diesem Schritt wurden digitale Währungen aus gesetzgeberischer Perspektive zu einer "(virtuellen) Währung", die im Gegensatz zu einer Handelsware steht. Im Jahr 2016 berief das EU-Parlament eine Arbeitsgruppe zur Untersuchung digitaler Währungen ein. Seit 2017 müssen Kryptowährungs-Börsen und Wallet-Anbieter zudem verdächtige Aktivitäten – etwa Hinweise auf Geldwäsche oder Terrorismusfinanzierung – melden.

Pump-and-Dump-Schemes

Bei der Suche nach neuen Coins, in die man investieren kann, stößt man mit Sicherheit auf einen Coin, von dem nicht viele gehört habe, dessen Martkapitalisierung noch gering ist und in den noch niemand sonderlich viel investiert zu haben scheint. Dennoch verzeichnete genau dieser Coin einen Preisanstieg.

Der Begriff Pump-and-Dump kommt eigentlich aus dem Finanzwesen. Pump bezeichnet das Aufpumpen eines Kurses durch den Ankauf vieler Anteile. Dump bezeichnet das Stürzen des Kurses durch den Verkauf vieler Anteile. Wer den Großteil der Anteile besitzt, der kann sich dieser Taktik bedienen. Auf geregelten traditionellen Börsen verhindert die Börsenaufsicht solche Manipulationen.

Meist fallen diese Pump-and-Dump-Schemes durch eine Spitze im Kursverlauf auf. Durch den schnellen und großflächigen Ankauf von Anteilen werden andere potenzielle Investoren auf den Kurs aufmerksam gemacht.

Da unerfahrene Trader zu emotional handeln, fürchten sie eine einmalige Chance zu verpassen und kaufen ebenfalls. Der Kurs steigt. Ist der Preis weit genug gestiegen, kann der Marktmanipulator seine Anteile mit einem Satz wieder verkaufen. Natürlich mit dem Gewinn, den er durch den Zukauf anderer Investoren gemacht hat. Der Preis fällt anschließend in den Keller und die kleineren Investoren stehen vor ihren Verlusten. Die Wahrscheinlichkeit Pump-and-Dump betreiben zu können sinkt mit steigender Marktkapitalisierung. Bei kleinen Coins mit einer geringen Marktkapitalisierung funktioniert dies jedoch vergleichsweise einfach, da der Kursverlauf hier bereits mit kleineren Beträgen maßgeblich beeinflusst werden kann. Bei Bitcoin sieht dies hingegen anders aus. Mit einem Marktkapital von aktuell (Stand Mai 2017) fast 30 Milliarden Euro ist es schwer, den Kurs künstlich anzuheben und anschließend wieder fallen zu lassen.

Um das Risiko eines Pump-and-Dump weiter einzugrenzen, bieten einige Internetseiten sogenannte Rich Lists an. Meist lassen sie sich auf Blockexplorern finden – dies sind Internetseiten, die einen Einblick in die Blockchain, ihre Wallets und ihre Transaktionen gewähren. Auf den Rich Lists stehen die reichsten Wallets und ihr Anteil am gesamten Marktkapital des Coins.

Scamcoins

Scamcoins, Fake-Coins oder Shitcoins sind eine wahre Plage für digitale Währungen. Sie bringen legitime Währungen wie Bitcoin, Ethereum, Dash oder Monero in Verruf. Betrügerische Coins locken mit bestimmten Methoden, die ausführlich im Kapitel "SCAM-Coins?" besprochen werden. Da Scamcoins nicht selten Druck auf den Investor ausüben, kann es vorkommen, dass auch das Umfeld des Investors in diese Situation hineingezogen wird. Insbesondere für Anfänger ist es elementar wichtig, Scamcoins von seriösen digitalen Währungen unterscheiden zu können. Deswegen ist die Lektüre des Kapitels "Wie erkenne ich Scamcoins?" unbedingt empfohlen.

Trollboxen

Emotionen und Trading gehören nicht zusammen. Aus diesem Grund legt man Neulingen oft ans Herz, einen Plan aufzustellen, der beispielsweise besagt "Nach 5% Gewinn immer verkaufen." Eine wahre Achterbahnfahrt der Emotionen kann man in den sogenannten Trollboxen, den textbasierten Kommunikationsboxen, in denen man sich mit anderen Nutzern auf Börsen austauschen kann, erleben. Da dort jeder praktisch anonym in demselben Kanal schreibt, ist die Trollbox ein Ort für wilde Spekulationen und ausgefallene Theorien. Wer nur zum mittel- und langfristigen Investment auf einer Börse ist, sollte der Trollbox wenig Beachtung schenken, da die chaotischen Informationen oftmals eine Achterbahnfahrt der Emotionen in einem Trader auslösen können. Wer ausreichend emotionalen Abstand aufbauen kann, der kann sie eingeschaltet lassen.

Day- oder Scalptrader, die Positionen für sehr kurze Zeit (Tage, Stunden oder gar Minuten) halten, sollte diese Informationsquelle hingegen unbedingt nutzen, denn nur so sind potenziell profitable Kursbewegungen bei unbekannteren Währungen schnell detektierbar.

Hacking

Die beste digitale Währung der Welt kann noch so starke Kryptographie besitzen, wenn die Sicherheitsschwachstelle jenseits der digitalen Währung beim Nutzer selbst liegt. Es geht darum sein Denken dahingehend zu überprüfen und sicherer zu handeln.

Social Engineering ist eine der effizientesten Methoden, die Hacker einsetzen, um in bestimmte Systeme einzubrechen. Die Angreifer bedienen sich der Gutgläubigkeit der Menschen und geben sich bei Social-Engineering-Angriffen als Mitarbeiter oder Freunde aus. Das Hacker-Kollektiv Anonymous erlangte etwa durch Social-Engineering-Angriffe Zugriff auf Server der NASA. Um das Risiko für Social-Engineering-Angriffe einzudämmen, sollte man einige Vorkehrungen treffen.

Wer dies für keine ernstzunehmende Gefahr hält, der sollte sich die Geschichte von Bo Shen anhören. BTC-ECHO berichtete im Dezember 2016 über den Venture Capitalist, der rund eine halbe Million Euro einen solchen Angriff verlor. Die Schwachstelle war nicht sein Wallet, sondern sein E-Mail-Postfach. Dieses war so eingestellt, dass man unter "Passwort vergessen" eine Nachricht an das Smartphone senden konnte, mit der sich das Passwort zurücksetzen ließ. Nun wurde aber sein Smartphone gehacked. Der Hacker bekam durch die Hintertür Zugriff auf sein E-Mail-Postfach. Was dann genau passierte, wurde nicht veröffentlicht – wahrscheinlich aber setzte der Hacker mit dem E-Mail-Postfach das Passwort der Börse zurück, auf der Bo Shen sein Vermögen lagerte.

Die Sicherheit einer digitalen Währung sagt dabei nichts über die Sicherheit einer Börse aus, an der sie gehandelt wird. Mt.Gox und Cryptsy gelten sicherlich als Mahnmale für gehackte Krypto-Börsen. Alles Kapital, das als erspartes Gut nicht gehandelt werden soll, sollte daher auf ein Hardware- oder Paper-Wallet transferiert werden. Das Kapitel “Wie erstelle ich ein Wallet?” liefert hierzu genauere Erläuterungen.

Maschinelles Versagen

Als gesondertes Risiko gilt das maschinelle Versagen. Der Begrifflichkeit halber bezeichnet dies in diesem Kapitel auch das Versagen von elektronischen Speichermedien. Festplatten, USB-Sticks oder CDs können beschädigt werden und verlieren damit im schlimmsten Fall ihre Lesbarkeit. Der Brite James Howells schmiss seine alte Laptop-Festplatte in den Müll. Das war 2009. Erst später erinnerte er sich, dass er noch 7.500 Bitcoins auf der Festplatte hatte, die damals nichts wert waren.

Was er im Grunde verloren hatte, waren nicht die Bitcoins, sondern der Private-Key für sein Wallet, der sich auf der Festplatte befunden hat. Es ist daher sinnvoll, Keys nicht nur auf einer Festplatte aufzubewahren, sondern ebenso auf einem gesicherten USB-Stick, traditionell auf Papier oder einem anderen Medium, das beständig ist. Ein Bankschließfach oder ein Tresor bietet sich als sichere Aufbewahrungsstelle an für Keys, die zu Wallets mit großen Mengen Geld gehören.

Grenzen der Kryptographie

Wie im Buch "Die Blockchain-Bibel" vorgestellt, ist die Kryptographie der Blockchain sehr stark. Mit konventionellen Mitteln ist es zu Lebzeiten eines Menschen nicht möglich ein Wallet zu hacken. Quantencomputer hingegen könnten in der Lage sein dies in Zukunft zu ändern. Google forscht intensiv an diesen neuen Computern und es wird davon ausgegangen, dass die größten Geheimdienste der Welt bereits Quantencomputer besitzen. Einige Kryptowährungen wie etwa Litecoin arbeiten bereits an "Quantumresistenz" als künftigem Feature.

Das öffentliche Bewusstsein über die Gefahr von Quantencomputern ist bereits relativ groß, da Kryptographie nicht nur von digitalen Währungen benutzt wird, sondern auch die allgemeine sichere Kommunikation im Internet sowie die Kommunikation von Banken und Staaten regelt. Dass ein Quantencomputer kurz- oder mittelfristig für erhebliches Chaos sorgt, ist daher unwahrscheinlich. Zudem hat Bitcoin als größte Kryptowährung zwar ein immenses Marktkapital, doch verglichen mit den kleinsten Nationalstaaten ist es immer noch gering und damit sicher kein Primärziel für potenzielle Quantencomputer-Angreifer.

Menschliches Versagen

Eine Sicherheitsroutine kann helfen, menschliches Versagen unwahrscheinlicher zu machen. Hardware-Wallets, Backups und Passwort-Container können bei der Verwaltung von Passwörtern helfen. Außerdem kann es sinnvoll sein, einer vertrauten Person einen Backup-USB-Stick zur Verfügung stellen, der im Falle eines Falles die notwendigen Daten sichert.

Sofern die Möglichkeit besteht, sollte bei der Eingabe eines Wallets beim Bezahlvorgang immer die Copy-Paste-Funktion benutzt werden. Die manuelle Eingabe ist bei der großen Anzahl verschiedener Zeichen zu riskant. Die Nutzung eines QR-Codes, wie im Kapitel zu Mobile-Wallets beschrieben, kann hier vieles erleichtern. Hat man nur die Wallet-Adresse zur Verfügung, kann man diese auch in einem Block-Explorer eingeben und bekommt dafür einen QR-Code angezeigt. Ein typischer Blockexplorer ist blockchain.info.

Hantiert man zwischen Smartphone und PC, so kann man sich die Wallet-Adresse über verschiedene Wege selbst zusenden. Man kann sich etwa mit dem Smartphone selbst auf Facebook anschreiben und anschließend auf dem PC die Wallet-Adresse kopieren. Die Wallet-Adresse selbst ist sicher – es sollte aber natürlich nicht der Private-Key über einen solchen Kanal verschickt werden.

Fazit

Es ist beinahe unmöglich jedes existierende Risiko eines Blockchain-Netzwerk aufzuzählen. Hauptsächlich liegt dies daran, dass die dahinterliegende Technologie bislang kaum erforscht ist. Selbst die alltägliche Nutzung von Bitcoin ist noch immer Pionierarbeit. Wichtig ist es die hier genannten Risiken zu kennen. Sie werden schätzungsweise 90% aller Probleme umfassen. Die restlichen 10% lassen sich im weitestgehend durch das Lesen aktueller Nachrichten verhindern, da neue Risiken gemeinhin in der Community zirkulieren und dort diskutiert werden.

Scamcoins

Wie man einen Scamcoin erkennt

Viele Anleger hoffen darauf, eines Tages einen Sprung wie bei Bitcoin miterleben zu dürfen und suchen nach günstigen Coins mit großer Zukunftsaussicht. Doch wie stellt man fest, ob eine Kryptowährung echt oder schierer Betrug ist?

Abseits der Top-5-Kryptowährungen nach Marktkapitalisierung ist es schwierig einen Überblick über die Vielzahl der am Markt gehandelten digitalen Währungen zu behalten. Die Internetseite Crypto-Currency-Market-Capitalizations führt die meisten Coins mit Echtzeitdaten auf. Zu erreichen ist die Seite unter coinmarketcap.com. Sie kann als erster Anlaufpunkt genutzt werden, um sich einen groben Überblick über eine Währung zu verschaffen. Die Chance, dass ein Scamcoin hier gelistet wird, ist gering, jedoch nicht unmöglich.

Recherche

Nach der Überprüfung auf coinmarketcap.com lässt sich unter dem Reiter "Social" eine kleine Übersicht mit aktuellen Meldungen über Twitter und Reddit finden. Diese Meldungen werden automatisch über das Internet eingelesen und geben erste Informationen über den Zustand der digitalen Währung.

- Herrscht ein Dialog in der Community zu diesem Coin?
- Besteht überhaupt eine Community?
- In welchen Sprachen wird kommuniziert?
- Welche handfesten Errungenschaften kann dieser Coin vorweisen?

- Gibt es Videos von funktionierenden Anwendungen zu diesem Coin?
- Kann man diese selbst ausprobieren?

Schaut man sich Bitcoin oder Ethereum an, bekommt man auf jede dieser Fragen eine Antwort:

- Nutzer tauschen sich in Foren und Social Media aus
- Beide Communitys sind sehr groß, inklusive einer großen Bitcoin-Wirtschaft
- Es gibt Communitys für die größten Weltsprachen
- Großes Marktkapital, viele Unternehmen, geringe Einstiegshürde
- Unzählige Videos mit den unterschiedlichsten Themen, die alle zu Bitcoin oder Ethereum gehören
- Jeder kann sich ein Wallet erstellen oder Bitcoin-Anwendungen nutzen, selbst wenn er selbst keine Bitcoins besitzt

Hilfreich ist es auch die Suchmaschine seiner Wahl zu befragen. Als Suchanfrage bieten sich folgende Eingaben für einen beliebigen Coin (XYZ Coin) an:

- XYZ Coin Erfahrungen
- XYZ Coin Akzeptanzstellen
- XYZ Coin White Paper
- XYZ Coin News Nachrichten
- XYZ Coin Betrug

Die englischsprachigen Informationen sind, wie generell im IT-Bereich, deutlich umfangreicher, weshalb sich zusätzlich folgende Suchanfragen empfehlen:

- XYZ Coin experience
- XYZ Coin points of acceptance
- XYZ Coin fake scam

Helfen kann auch die Internetseite "BehindMLM", zu finden unter www.behindmlm.com, oder Badbitcoin unter www.badbitcoin.org/thebadlist. Diese Seiten decken Abzocker auf und listen die meisten Scamcoins samt ihrer Strategie auf.

Fake-Kryptowährungen ähneln traditionellen Sekten in dem Maße, dass sie ihre Nutzer vereinnahmen, ihnen unhaltbare Heilsversprechungen von finanzieller Unabhängigkeit machen und ihre Opfer dazu drängen, Freunde und Familie selbst in den dubiosen Zirkel des Scamcoins miteinzubeziehen. Teilweise wehren sich Scamcoins sogar mit berüchtigten Anwaltskanzleien gegen unliebsame Berichterstattung und berechtigte Kritik.

Allgemeine Merkmale eines Scamcoins

Im Allgemeinen haben Scamcoins keine Blockchain. Eher nutzen sie eine Datenstruktur, die einer Blockchain ähnelt, wie zum Beispiel simple SQL-Datenbanken oder einfache Excel-Dateien. Das Hauptmerkmal des Netzwerks ist eine zentrale statt einer dezentralen Verarbeitung. Häufig wird dies sogar erwähnt, meist aber mit dem Zusatz, dass die zentrale Verwaltung eine Verbesserung der Sicherheit gewährleisten würde. Eine solche Aussage ist schlichtweg falsch und irreführend. Dezentralität ist der Kern hinter digitalen Währungen. Erst Dezentralität, also der Aufbau eines Netzwerks mit Minern und Nodes, führt dazu, dass eine digitale Währung frei und für alle verfügbar ist. Damit einhergehend besitzen die meisten Scamcoins kein sogenanntes White-Paper, also ein Dokument, das die Funktionen einer Software umfassend beschreibt.

Die Arbeitsstrukturen, die hinter Scamcoins stehen, sind häufig wie ein Schneeballsystem aufgebaut. Derjenige, der sich ganz oben auf der Pyramide befindet, verdient das meiste Geld. Das Schneeballsystem finanziert sich ausschließlich durch die Aufnahme neuer Mitglieder. Diesen Mitgliedern wird geraten neue Mitglieder zu werben, damit sie in der Vertriebsstruktur wachsen. Wer neue Mitglieder wirbt, kann einen Anteil der neuen Mitgliederbeiträge bekommen. Solche Systeme sind unter deutschem Recht laut § 16 Abs. 2 UWG illegal und können mit einer Geldstrafe oder einer Freiheitsstrafe von bis zu 2 Jahren bestraft werden.

Scamcoins werden zudem nicht auf den großen Krypto-Börsen gehandelt. Poloniex, Kraken, Bittrex, Huobi und viele weitere offiziell anerkannte und renommierte Börsen würden ihren Ruf und ihre Kundschaft verlieren, würden sie Scamcoins anbieten.

Die Firmen, die hinter Scamcoins stehen, agieren meist unter anderem Namen in verschiedenen Ländern. Es ist nicht unüblich, dass die Firma angibt, beispielsweise aus Österreich zu kommen, aber im Impressum Costa Rica angibt. Dies ist ein wiederkehrendes Muster. Meist handelt es sich hierbei um Briefkastenfirmen, die es den Betrügern ermöglichen, sich mit dem erbeuteten Geld abzusetzen, sollte die Firma von den Finanzbehörden hochgenommen wird.

Abseits der erwähnten Eigenschaften von Scamcoins ist das aggressive Marketing, das diese Fake-Kryptowährungen betreiben, ein weiteres Charakteristikum. Es kommt vor, dass sich Schneeballsysteme um Scamcoins formen, die zunächst aus scheinbar selbstlosen Motiven Menschen um sich herum scharen. Dabei werden häufig sogenannte Bildungspakete angeboten.

Neben den Bildungspaketen wird den Nutzern anschließend angeboten gemeinsam in einen Coin zu investieren – an dieser Stelle ist äußerste Vorsicht geboten, insbesondere wenn die Vertriebsstruktur nebulös und die Versprechungen himmlisch erscheinen.

Steuern bei digitalen Währungen

Eine der vermutlich wichtigsten Frage für Anleger ist die Frage nach der Besteuerung ihrer Gewinne. Die steuerrechtliche Einordnung von Bitcoin und anderen dezentralen Währungen ist derzeit jedoch in Teilen noch offen. Da dezentrale Währungen keinen Emittenten haben, können sie weder als Geld noch als E-Geld bezeichnet werden. Ein solcher Verkauf gilt als privates Veräußerungsgeschäft oder Spekulationsgeschäft. § 23 Abs. 1 Nr. 2 des Einkommensteuergesetzes (EStG) regelt diese Bezeichnung. Da gekaufte Bitcoins und andere digitale Währungen als Spekulationsobjekt gelten, führt dies dazu, dass die Gewinne bei einer Haltefrist von mindestens einem Jahr steuerfrei sind.

Bei einem Verkauf vor Ablauf der einjährigen Haltefrist sind die Gewinne jenseits eines Freibetrags von 801 Euro einkommensteuerpflichtig. Zu diesem Freibetrag zählen allerdings alle privaten Spekulationsobjekte. Besitzt man also noch andere Coins, Goldbarren, Edelmetalle, Münzen oder Immobilien, haben alle diese Anlageobjekte eine gemeinsame Freigrenze von 801 Euro. Dies gilt im Übrigen auch für das Mining und die daraus erhaltenen Coins, sofern sie veräußert werden. Da jedoch auch Kosten anfallen, um Mining zu betreiben, werden diese gegen den Veräußerungspreis gerechnet. Der Veräußerungsgewinn berechnet sich dabei wie folgt: Veräußerungspreis (Preis, den man für die Coins an der Börse erhalten hat) minus Anschaffungskosten (Kosten für das Mining-Gerät) minus Werbungskosten (Kosten, die für das Durchführung des Minings anfallen, etwa Strom bzw. wenn man nur Coins gekauft hat: Kaufpreis des Coins).

Da nicht immer festgestellt werden kann, wann die Coins gekauft wurden, wendet man hier das FIFO-Prinzip (First-In-First-Out) an. Dieses Prinzip legt fest, dass die ersten Coins, die man erhalten hat (per Kauf oder Mining), auch die ersten sein werden, die man verkauft. Um möglichen Zweifeln des Finanzamts entgegen zu wirken, sollten alle Geschäfte mit digitalen Währungen sorgfältig mit Kaufdatum, Preis und Beleg dokumentiert werden und in einen gesonderten Ordner aufbewahrt werden.

Bei Unternehmen fällt eine etwas andere Anwendung des Steuerrecht an, da diese nicht als privaten Anleger auftreten. Wie sich dies genau verhält, lässt sich bei einem Steuerberater erfragen. Um Steuer- oder Portfolioberichte selbst zu erstellen, gibt es im Internet Plattformen wie CoinTracking. Die deutsche Plattform kann die Daten aus Bitcoin-Börsen auslesen und gibt einen Überblick über Gewinne und Verluste sowie über bereits gezahlte Gebühren.

KAPITEL 3: Investmentstrategien

Handelsbörsen

Das Trading von Kryptowährungen ähnelt in vielerlei Hinsicht dem klassischen Trading, wenngleich nicht alles eins-zu-eins übertragbar ist. Um den Einstieg zu erleichtern, werden im Folgenden die allgemeinen Charakteristika des Altcoin-Tradings benannt.

Einführend lässt sich festhalten, dass eine Kryptowährung ähnlich wie beispielsweise Devisen, Rohstoffe oder Aktien gehandelt werden kann: sie kann gekauft und verkauft werden. Dies geschieht größtenteils auf webbasierten Exchanges, auf denen der Investor Kryptowährungen in verschiedenen Wertepaaren an- und verkaufen kann. Bezüglich dieser webbasierten Börsen sind zwei Fälle zu unterscheiden: In zentralen Krypto-Börsen sind die Geldmittel der Nutzer zentralisiert gespeichert. Es existiert also eine dritte Partei, der Vertrauen entgegengebracht werden muss. In der Vergangenheit haben Fälle wie MtGox, Cryptsy oder auch Bitfinex das Vertrauen in zentrale Börsen etwas erschüttert. Sie haben gezeigt, dass man die eigenen Mittel möglichst schnell sicher ablegen sollte.

Wem das Handeln an einer zentralen Börse zu riskant ist, der kann auch auf dezentral agierenden Börsen mit verschiedenen Kryptowährungen handeln. Bitsquare oder Shapeshift sind hier zwei prominente Vertreter. Bitsquare ermöglicht sogar eine direkte Peer-to-Peer-Möglichkeit des Tauschhandels zwischen Bitcoin und Fiatwährungen.

Die Vorteile dezentraler Exchanges erfordern jedoch auch ein erhöhtes Maß an Aufwand. Das vielzitierte "Be your own bank" bedeutet im Fall von Shapeshift, dass man selbst Wallets in Quell- und Zielwährung benötigt. Es existieren zwar auch Multi-Currency-Wallets wie Jaxx, die Shapeshift zum Transfer zwischen diesen einzelnen Wallets nutzen, doch ist man dann hier von der stark eingeschränkten Auswahl an Kryptowährungen seitens des Wallet-Anbieters abhängig.

Im Fall von Bitsquare geht es noch weiter: die noch stärkere Dezentralität dieses Exchanges bedingt es, dass stets konkrete Handelspartner gesucht werden müssen. Sollte also niemand gefunden werden, der aktuell Bitcoin im Wert von 100 EUR verkaufen will (bzw. nur wenige Bits dafür zahlen möchte), kommt kein Handel zustande.

Zu diesen Einschränkungen kommt, dass der Funktionsumfang auf den zentralen Krypto-Börsen häufig deutlich höher ist: Candlestick-Charts der zu handelnden Wertepaare sind oft ebenso vorhanden wie das Order Book oder Chaträume. Gerade bei Währungen mit einem sehr geringen Marktkapital lohnt sich das Verfolgen der oft als "Trollboxes" bezeichneten Chaträume – trotz aller im Kapitel "Risiken" dargestellten Probleme, die diese Chaträume mit sich bringen.

Schließlich sind besondere Formen des Handels wie Shorting und Margin-Trading, die im Kontext der Kryptowährungen im nächsten Kapitel diskutiert werden, derzeit nur auf zentralen Exchanges möglich.

Zusammenfassend gilt also, dass beide Formen von Handelsbörsen ihren eigenen Platz im Krypto-Trading haben: Während bei dezentralen Börsen die Geldmittel sicher in den eigenen Wallets aufbewahrt sind und gerade Shapeshift beim schnellen Handel über ein Mobiltelefon durch seine einfache Bedienoberfläche besticht, spricht der Funktionsumfang oft für zentrale Handelsplattformen. Bezüglich der Nutzung empfiehlt sich daher ein "Sowohl-Als-Auch"-Denken eher als ein "Entweder-Oder"-Denken.

Arten des Handels mit Kryptowährungen

Viele Handelsarten, die bei anderen Wertanlagen genutzt werden, sind auch auf zentralen Krypto-Börsen verfügbar. Während erfahrenen Investoren diese Handelsarten bereits geläufig sein dürften, sind sie für Neulinge nachfolgend vorgestellt.

Die Long-Position

Die klassische Art des Handels ist die Long-Position: ein Investor kauft eine Kryptowährung, da er von einem Kursanstieg ausgeht. Sollte er dieses Vertrauen verlieren, wird er seine Anteile verkaufen. Im Idealfall tut er dies mit einer Gewinnmarge. Solange der Investor diese positive Einstellung bezüglich einer Währung vertritt, wird im Trading von haussierender Position, von bullisher Einstellung oder von Bullen gesprochen.

Der Investor, der einzelne Token einer Kryptowährung erworben hat, steht immer vor der Entscheidung zu kaufen und damit seine Position zu stärken, die Währung zu halten (in der nerdaffinen Kultur um die Kryptowährungen gerne als HODL oder eingedeutscht hodlen in Verballhornung des Begriffes hold bezeichnet) oder diese zu verkaufen. Eine Verkaufsentscheidung fällt, wer zumindest temporär davon ausgeht, dass der Kursanstieg ein Ende gefunden hat. Er verliert also das Vertrauen in diese Kryptowährung. Diese Position wird als baissierend oder bearish bezeichnet. Jene, die diese Position vertreten, werden als Bears oder als Bären bezeichnet.

Dieser beschriebene klassische Handel, das Halten oder Verstärken einer Long Position bis zum Verkauf mit maximalem Profit, ist auf allen Börsen möglich – sowohl auf den zentralen als auch den dezentralen. Betont werden sollte jedoch, dass für einen Verkauf auf einer derart dezentralen Börse wie etwa Bitsquare auch die Handelspartner gefunden werden müssen, die die Währung ankaufen.

Nun kann es sein, dass sich der Anleger äußerst sicher ist, dass eine bestimmte Kryptowährung sich gut entwickelt. Als beispielsweise im Herbst 2016 Menschen in Venezuela und anderen Entwicklungs- und Schwellenländern damit begannen, Bitcoin als Hedge oder Safe Haven zu nutzen, haben nicht wenige vermutet, dass dies dem Kurs von Bitcoin Auftrieb verleihen würde. Wenn nun ein Anleger mehr Geld als nur sein eigenes zur Verfügung hätte, könnte er seinen Profit maximieren. Dies ist durch Margin-Trading möglich: Der Anleger selbst investiert beispielsweise den aktuellen Gegenwert von einem BTC und bekommt zehn BTC geliehen. Sollte der Kurs um den Faktor zwei steigen, würde der Anleger – nach Rückgabe der geliehenen Bitcoins und ohne Berücksichtigung von Gebühren – 12 BTC sein eigen nennen können. In diesem Zusammenhang wird von Leverage oder Hebel gesprochen: durch den aufgenommenen Kredit können die Profite um einen hohen Faktor erhöht werden.

Um einen Anreiz zu schaffen, Gelder einzelnen Anlegern zum Margin-Trading zur Verfügung zu stellen, werden größtenteils zwei Maßnahmen durchgeführt: zum einen wird in einem Vertrag über die geliehene

Summe festgelegt, unter welchen Bedingungen der Gläubiger sein Geld zurückverlangen kann. Zum zweiten wird eine Lending-Gebühr festgelegt. Diese ist abhängig von der Höhe des Kredits und der Dauer des Leihverhältnisses, sodass ein Anleger, der Margin-Trading nutzt, abschätzen muss, wie lange das Halten einer Margin-Trading-Position noch profitabel ist.

Zu betonen ist in diesem Kontext, dass für den Gläubiger durch das Margin-Trading eine sichere Einnahmequelle entsteht. Verschiedene Börsen verfügen über so genannte Lending-Wallets, die für das Beleihen von Margin-Trading-Vorhaben verwendet werden. An dieser Stelle ist zu betonen, dass die Gelder für die gesamte Verleihdauer auf der entsprechenden Börse liegen. Das mit verschiedenen gehackten Börsen einhergehende Risiko sollte dabei immer berücksichtigt werden.

Gerade bei Kryptowährungen mit einer geringen Marktkapitalisierung kann der Markt durch Margin-Trading stark in eine bestimmte Richtung gezwungen werden. Eine starke Long Position kann so gerade bei kleineren Währungen andere von der Sinnhaftigkeit eines Investments überzeugen, wodurch der Kurs weiter ansteigt.

Die Short-Position

Anleger, die einer Währung baissierend gegenüber stehen, müssen nicht per se Anteile an der Währung besitzen, um aus einem Kursrückgang Profit zu ziehen. Durch eine Short Position wettet man quasi gegen den Markt: man leiht sich einen bestimmten Betrag einer Kryptowährung, um diese nach einem Kursrückgang zurückzuerstatten. Die Differenz zwischen altem und neuem Kurs der Anlage abzüglich auftretender Gebühren für das Leihen und den Trade selbst ist letztlich der

Profit.

Das Leihen im Shorting kann ebenso wie beim Margin-Trading erfolgen – es existieren jedoch noch weitere Wege. Neben dem klassischen Peer-to-Peer-Leihvertrag gibt es zumindest im Fall von Bitcoin noch Instrumente, die aus dem klassischen Trading-Geschäft bekannt sind: Bitcoin-Futures sind letztlich Verträge, in denen mit einem Vertragspartner B ausgemacht wird, dass Vertragspartner A diesem eine bestimmte Anzahl an Bitcoins für einen bestimmten Preis zu einem bestimmten zukünftigen Zeitpunkt kauft oder verkauft. Für Vertragspartner A ist im Fall des Short-Sellings der Benefit, dass er seine Bitcoins zu einem garantierten Preis verkauft – gerade nach einem großen Kursrückgang würden sich das viele Leute wünschen.

Für den Vertragspartner ist dieser Vertrag mit einer gewissen vom Verkäufer zu entrichtenden Gebühr verbunden – dadurch verdient er in jedem Fall etwas. Sollte sich der Kurs zudem entgegen den Erwartungen des Verkäufers positiv entwickeln, hat er Bitcoin deutlich unter dem Marktpreis erworben. Da bis zum festgesetzten Verkaufsdatum keine Bitcoins transferiert werden, ist hier ähnlich wie beim Margin-Trading ein hoher Hebeleffekt möglich. Schließlich existieren auch im Fall von Bitcoin Options, Binary-Options, CFDs oder Prediction-Markets als Handelsinstrumente. Es ist jedoch zu betonen, dass längst nicht jede Krypto-Börse über all jene unterschiedlichen Handelsarten verfügt. Im Fall von anderen Kryptowährungen als Bitcoin sind die Möglichkeiten noch eingeschränkter.

Was einem Trader oder Investor nicht gefällt, ist ein stabiler, bestenfalls leicht oszillierender Kurs. Man spricht hier davon, dass der Kurs sich seitwärts bewegt.

Wenn zwei Währungen derart miteinander korrelieren, dass ein Token einer Kryptowährung immer demselben Anteil des Tauschpartners entspricht, ist dies für einen Trader uninteressant. Statt also Kursstürze per se negativ zu bewerten, ist zu überlegen, ob eine nun auf ein Kursminimum gefallene Wertanlage gegebenenfalls zu einem späteren Zeitpunkt wieder ansteigen kann. Die Jahre 2014 bis 2016, in denen der Bitcoin-Kurs drastisch an Wert verlor, waren auf lange Sicht für viele Langzeit-Investoren äußerst profitabel. Es stellt sich die Frage, bei welchen Kryptowährungen, gerade wenn diese einen massiven Kurssturz hinter sich hatten, ein Investment lohnenswert ist. Hinweise kann hier eine Fundamentalanalyse liefern, auf die in einem späteren Kapitel genauer eingegangen wird.

Analyse von Kryptowährungen

Es existieren im Wesentlichen zwei Wege der Analyse von Investmentmöglichkeiten: die technische Analyse und die Fundamentalanalyse. Bevor letztere im Fall von Kryptowährungen genauer betrachtet wird, soll im Folgenden zunächst kurz auf die technische Analyse eingegangen werden.

Technische Analyse

In der technischen Analyse wird lediglich auf die Kursentwicklung geschaut – unabhängig von möglichen tatsächlichen Vor- und Nachteilen des Investments. Die technische Analyse kennt viele verschiedene Methoden, die auf einer graphischen Analyse der Kursentwicklung basieren. Für die Betrachtung von Kryptowährungen können diese Methoden prinzipiell übernommen werden.

Gerade bei Kryptowährungen mit einer geringen Marktkapitalisierung ist jedoch zu beachten, dass in diesen Fällen kleine Summen ausreichen, um durch einen Kauf oder Verkauf den gesamten Markt in Unruhe zu versetzen – ruhige Trends können also schnell durchbrochen werden. Es bietet sich deshalb immer an, die technische Analyse mit einer kontinuierlichen Fundamentalanalyse und einer Beobachtung der Nachrichtenlage in den sozialen Medien zu kombinieren.

Fundamentalanalyse

Im Gegensatz zur technischen Analyse, in der Candlestick-Charts auf bestimmte Muster und Trends hin analysiert werden, wird in der Fundamentalanalyse auf technische und ökonomische Details geschaut mit dem Ziel, den langfristigen Wert eines Investments zu erfahren.

Beide Strategien sind sinnvoll, stellen aber eine unterschiedliche Hypothese zum Wert einer Wertanlage auf: in der technischen Analyse wird der Wert einzig und allein aus der Nachfrage am Markt abgeleitet. Die Fundamentalanalyse hingegen versucht, einen realen Wert unabhängig von der aktuellen Nachfrage abzuleiten.

Beide Ansätze ergänzen sich ohne Zweifel. Genauer gesagt sind beide Analysen für unterschiedliche Zeitskalen sinnvoll: für kurzfristige Entwicklungen liefert die technische Analyse sinnvolle Hinweise. So kann ein Hype etwa unabhängig von sachlichen Investitionsgründen auftreten. Umgekehrt kann auch bei einer sehr guten Technologie die Adoption auf sich warten lassen. Die Fundamentalanalyse hingegen hat das Potential einer Investition im Blick: ungeachtet von Hypes oder Startschwierigkeiten versucht sie zu evaluieren, ob sich eine Investition auf lange Sicht lohnen könnte. Doch auch innerhalb der Fundamentalanalyse kann unterschiedlich vorgegangen werden. Hierbei handelt es sich jedoch nicht um zwei grundlegend unterschiedliche Analysestrategien, sondern um zwei Techniken innerhalb der Fundamentalanalyse.

Grob kann man zum einen die technischen Hintergründe und das Renommee der Entwickler sowie die Akzeptanz innerhalb der Community und zum anderen den generellen Zahlungsverkehr in Betracht ziehen.

Der erste Ansatz bietet sich insbesondere für Kryptowährungen an, die noch extrem jung sind (ggf. noch vor dem offiziellen Launch), der zweite für Währungen, die bereits genutzt werden. Diese beiden Wege werden im Kapitel ICOs und junge Kryptowährungen etwas genauer betrachtet. Jedoch gilt auch hier, dass die Grenze nicht trennscharf ist: die Stimmung innerhalb der

Trading-Community, Änderungen im Entwicklerteam hinter einer Kryptowährung oder eine Änderung des Protokolls im Rahmen eines Updates sind Informationen, die auch nach dem Launch der entsprechenden Währung von Belang sind.

Computergestütztes Trading

Längst erstreckt sich die fortschreitende Automatisierung auch auf weite Teile des Tradings. Es liegt auf der Hand, dass Automatisierungsmöglichkeiten gerade für Trader sehr interessant sind. Sollte es gelingen, profitable Trades zu automatisieren, könnte schließlich ein passives Einkommen Realität werden.

Zur Vereinfachung des Tradings und Absicherung der eigenen Geldmittel sind einfache Hilfen wie eine Stop-Loss-Position beliebte Hilfsmittel. An vielen Börsen, auch an nicht wenigen Kryptobörsen, können Schwellwerte angegeben werden, bei denen der Bestand einer Währung automatisch verkauft wird. So kann bei einem Kursrückgang dramatischen Verlusten entgegengewirkt werden.

In einem anderen Kapitel wurde über das Margin-Trading gesprochen. Es wurde zudem erklärt, dass Trader auf bestimmten Börsen wie beispielsweise Poloniex auch die Rolle des Kreditgebers einnehmen können, der gegen einen festgelegten Zinssatz Geld in einer bestimmten Kryptowährung verleiht. Da des Öfteren Trader schnell Positionen einnehmen und wieder verlassen, kann es jedoch zeitaufwändig sein, das eigene Geld möglichst schnell wieder profitabel zu verleihen. Diese Aufgabe kann von einem so genannten Lending-Bot abgenommen werden, der die eigenen Funds mit einer optimalen Rate potentiellen Margin-Tradern anbietet.

Aus der Welt des Daytradings, auch jenseits der Kryptowährungen, sind weiterhin Begriffe wie Quantified-Trading, Trading-Bots, Algorithmic-Trading oder die Quants bekannt. Hinter all jenen Begriffen steht die Philosophie der technischen Analyse: wenn über bestimmte vergangene Kursbewegungen bzw. daraus entwachsenen Indikatoränderungen Aussagen über zukünftige Kursbewegungen gewonnen werden können, dann müsste dieser Prozess automatisierbar sein.

Dabei handelt es sich es sich weniger um eine Hypothese als ein reales Geschäftsfeld: im normalen Day- und Scalptrading-Markt außerhalb der Kryptowährungen sind Trading Bots, die in kürzester Zeit mit Profit eine Position einnehmen und wieder abstoßen, durchaus bekannt.

Auch innerhalb der Kryptowährungen existieren entsprechende Möglichkeiten: der HAAS-Bot ist dabei eine der bekanntesten. Mit diesem Bot können basierend auf verschiedenen Konditionen eigene Trading Bots mit spezifischen Buy- und Sell-Signalen definiert werden. Neben dem Trading in Wertepaaren ist durch den Zugriff auf unterschiedliche Börsen auch das an späterer Stelle beschriebene Arbitrage-Trading möglich. Sehr enthusiastische, technisch versierte Trader können schließlich über eine C#-Schnittstelle komplett eigene Skripte, die das Verhalten des Bots definieren, schreiben.

Doch so positiv all dies klingen mag – es ist zu beachten, dass man sein Vermögen in diesem Fall einer weiteren dritten Partei anvertraut, die zudem Lizenzgebühren kostet. Auf drei Monate befristete Lizenzen kosten mindestens hundert Euro – Summen, die vor einem wirklichen Profit zunächst erwirtschaftet werden müssen.

Doch es existieren weitere Trading-Bots im Bitcoin- und Altcoin-Sektor, die teilweise deutlich preiswerter sind: cryptotrader ist ein Service mit einem deutlich geringeren Funktionsumfang, der jedoch schon für acht Euro im Monat genutzt werden kann.

Ob sich diese Trading-Bots lohnen, hängt nicht nur von der angewandten Strategie, sondern zu einem großen Teil auch von der Seriosität des Bot-Anbieters ab. Gerade im Krypto-Bereich sind viele Bots gekommen und gegangen – teilweise mitsamt den ihnen anvertrauten Gelder.

Anlagestrategien für Krytowährungen

Grundsätzlich gilt für Bitcoin und andere Kryptowährungen das gleiche wie für Aktien, Anleihen und Währungen: wer langfristig Gewinne erwirtschaften möchte, insbesondere wenn er aktiv handelt, sollte über eine Anlagestrategie verfügen. Das rationale Befolgen einer solchen Strategie ist der wichtigste Erfolgsfaktor und für viele Anleger zugleich das größte Problem. Nur wenigen gelingt es ihre Emotionen aus dem Spiel zu lassen und ihre Investitionsentscheidungen rational kalkuliert zu treffen. Ferner ist festzustellen, dass es nicht DIE Anlagestrategie gibt, sondern viele verschiedene. Eine Anlagestrategie muss zu den Zielen und zu den persönlichen Eigenschaften eines Anlegers passen, sodass es grundfalsch wäre eine allgemeine Standardempfehlung für jeden Investor auszusprechen.

Zum den Themen Anlagestrategie und Portfoliomanagement sind unzählige Bücher verfasst worden, deren Inhalt in diesem Kapitel unmöglich vollumfänglich wiedergegeben werden kann. Vielmehr soll im Folgenden beispielhaft erklärt werden, wie Kryptowährungen bei der Erstellung einer individuellen Anlagestrategie berücksichtigt werden können.

Anlagerisiko

Das Chance-Risiko-Profil steht im Zentrum einer jeden Investmententscheidung. Im Regelfall bedeutet dies: je höher das Risiko, desto höher die potentiellen Erträge – und vice versa. Diese Faustformel lässt sich auch auf Kryptowährungen anwenden. Je geringer die Marktkapitalisierung und Marktdurchdringung, desto höher das Risiko eines Totalverlustes. Gleichzeitig sind bei diesen noch relativ unbekannten und wenig liquiden Kryptowährungen enorme Kurssprünge möglich. Bei der bekanntesten und liquidesten Kryptowährung Bitcoin sind solche extremen Kurssprünge eher unwahrscheinlich. Dafür ist aber auch das Risiko eines Totalverlustes oder eines heftigen Kursabsturzes sehr gering. Die Wahrscheinlichkeit, dass die Währung Bitcoin nicht mehr nachgefragt wird und dadurch in ihrem Handelswert gegenüber anderen Währungen zerfällt, ist deutlich unwahrscheinlicher als bei anderen Kryptowährungen. Die Marktkapitalisierung einer Kryptowährungen ist daher ein guter Indikator zur Risikobewertung. Insgesamt lässt sich festhalten, dass das Risiko der Kryptowährungen, selbst das von Bitcoin, verglichen mit führenden Aktienindizes, (Staats-)Anleihen, Währungen oder Edelmetallen noch immer als vergleichsweise hoch zu bewerten ist. Schließlich ist die Marktkapitalisierung verglichen mit den traditionellen Anlageklassen relativ gering, die Volatilität hingegen relativ ausgeprägt. Zudem gibt es, wie im Kapitel "Risiken" erläutert, gerade im Hinblick auf Bitcoin noch mehrere Hürden, die in den nächsten Jahren genommen werden müssen. Letztendlich ist an dieser Stelle eine objektive Aussage zum

Ausfallrisiko kaum möglich, da die Meinungen über das Risikoprofil der genannten Vermögensanlagen divergieren.

Investieren vs. Spekulieren

Korrespondierend zum Anlagehorizont und zum Risikoprofil stellt sich die Frage, ob man durch aktives Trading in einem kurzen Zeitraum Handelsgewinne erzielen möchte (Spekulieren) oder ob man nach intensiver Fundamentalanalyse einen Vermögenswert aussucht und diesen in Erwartung steigender Kurse und gegebenenfalls Gewinnausschüttungen liegen lässt (Investieren). Zwar gibt es bei Bitcoin wie bei anderen Währungen auch keine Zinsen oder Dividenden, dennoch sind beide Varianten möglich.

Es muss sich also jeder die Frage beantworten, ob er bereit ist – gegebenenfalls tagtäglich –die Kursentwicklung eines Vermögenswertes zu verfolgen, sprich zu spekulieren. Nur die Wenigsten schaffen es auf diese Art und Weise langfristig Gewinne einzufahren. Ein Großteil verspekuliert sich und hat erschwerend mit den hohen Handelskosten eines aktiven Tradings zu kämpfen. Für die meisten Anleger ist daher die Variante Investieren sinnvoller, da diese nicht nur mit einem geringeren Aufwand verbunden ist, sondern auch weniger Risiken zu beachten sind.

Diversifikation

Die wohl bekannteste Anlageempfehlung, die zum Standardrepertoire eines jeden Bankberaters gehört, ist: nicht alle Eier in einen Korb legen. Gemeint ist damit eine sogenannte Diversifikation, also eine Streuung von Vermögenswerten, um Kursverlust- und Bonitätsrisiken abzufedern. Diversifikation kann dabei auf verschiedenen Ebenen stattfinden. Im einfachsten Sinne kann dies bedeuten nicht nur Aktien in seinem Depot zu halten, sondern auch Anleihen oder Edelmetalle, um Verluste je nach Marktsituation und Anlageklasse auszugleichen. Diversifikation kann aber auch innerhalb einer einzelnen Anlageklasse stattfinden, in dem beispielsweise nicht nur zyklische Aktien, sondern auch antizyklische Aktien erworben werden. Beide Arten der Diversifikation sind auch auf Kryptowährungen anzuwenden. Da Kryptowährungen eine eigene Anlageklasse darstellen, ergibt es Sinn, diese bei einer konsequenten Diversifikation von Anlageklassen dem eigenen Vermögensportfolio bestehend etwa aus Aktien, Anleihen oder Gold beizumischen. Am besten bietet sich dazu Bitcoin an, da andere Kryptowährungen, bis auf wenige Ausnahmen wie Ether, noch keine ausreichende Marktreife besitzen. Sollte sich der Kryptowährungsmarkt weiter ausbilden und entsprechende Fondslösungen wie ETFs, die gegebenenfalls selbst durch verschiedene Kryptowährungen gewichtet sind, hervorbringen, dann könnten auch diese zur Diversifikation genutzt werden. Eine Diversifikation innerhalb der Anlageklasse der Kryptowährungen ist daher gegenwärtig nur durch den direkten Kauf verschiedener Kryptowährungen möglich. Hier bieten sich die Top-10, Top-5, wenn nicht sogar nur die Top-3 der Kryptowährungen nach Marktkapitalisierung an, um ein diversifiziertes Kryptowährungen-Portfolio zu erstellen. Allerdings sei angemerkt, dass Bitcoin die mit Abstand höchste Marktkapitalisierung von allen Kryptowährungen besitzt (über 55% des Gesamtmarktes, Stand Mai 2017), und eine ausgewogene Diversifikation durch andere Kryptowährungen daher nur schwer möglich ist.

Arbitragehandel

Der Grundgedanke beim Arbitrage-Börsenhandel ist das Ausnutzen von Preisunterschieden an verschiedenen Handelsplätzen. Inzwischen ist dies kaum noch möglich, da die Markteffizienz und -transparenz ein derart hohes Niveau erreicht hat, dass Preisunterschiede für ein und denselben Vermögensgegenstand an unterschiedlichen Börsen kaum noch existieren bzw. auf ein Minimum geschrumpft sind. Im Gegensatz zu den etablierten Wertpapier- und Devisenbörsen, an denen eine hohe Liquidität und Markteffizienz den Arbitragehandel unterbindet, sind die Kryptowährungs-Börsen noch relativ unterentwickelt. Zwar nimmt auch hier die Möglichkeit effizient Arbitragehandel zu betreiben stetig ab, doch können hier noch immer größere Preisunterschiede an einzelnen Kryptowährungs-Börsen auftreten. Folglich können Anleger, die mit großen Summen handeln und über die notwendigen Kenntnisse im Arbitragehandel verfügen, Differenzgewinne erzielen. Dabei muss allerdings berücksichtigt werden, dass zwei Trading-Fees sowie eine Transaktionsgebühr anfallen. Ferner existieren weitere Risiken: So vergehen bis zum idealerweise gewinnbringenden Rücktausch mindestens zehn Minuten (die Dauer einer Bestätigung). Es kann zudem, gerade bei kleineren Exchanges, Schwierigkeiten geben, dass beispielsweise der Tausch von einer Währung in eine andere länger dauert als erwartet.

Ansparpläne und Cost-Average-Effect

Das Ausnutzen des Cost-Average-Effects (Durchschnittskosteneffekt) bei Sparplänen macht bei Kryptowährungen besonders viel Sinn. Dabei wird in regelmäßigen Abständen, meist monatlich, ein bestimmter Betrag in einen Vermögenswert investiert. Vor allem bei Aktienfonds findet diese Investitionsmethode oftmals Anwendung. So werden beispielsweise jeden Monat 100 Euro in einen Aktienfond investiert. Steigt der Kurs des Fonds, bekommt man weniger Fondsanteile für seine 100 Euro. Fällt der Kurs hingegen, bekommt man mehr Anteile für sein Geld. Dieses Prinzip lässt sich 1:1 auch auf Bitcoin und andere Kryptowährungen übertragen. Dadurch bildet sich über die Zeit ein Durchschnittskurs, der besonders schlechte, aber auch besonders gute Kursstände nivelliert. Das richtige Timing rückt im Vergleich zur Einmalanlage in den Hintergrund. Gerade bei Wertanlagen mit einer hohen Volatilität, bei denen das Risiko besonders hoher Kursschwankungen gegeben ist, ist diese Form der Geldanlage besonders empfehlenswert. Dies gilt allerdings nur für diejenigen, die an einem langfristigen Investment interessiert sind. Für Spekulanten mit kurzfristigen Gewinnabsichten sind solche Ansparpläne logischerweise uninteressant. Da Kryptowährungen hohen Schwankungen unterliegen – dies gilt insbesondere für Altcoins – und die zukünftigen Kurse enorm vom gegenwärtigen Stand abweichen können, bietet sich diese Methode zur Risikoreduzierung besonders gut an. Zudem können auf diese Art und Weise auch Personen ohne ein hohes verfügbares Investitionskapital auf lange Sicht ein anständiges Vermögen ansparen. Ebenfalls nicht zu vergessen ist, dass diese Methode des Vermögensaufbaus sehr nervenschonend ist, da man sich sowohl über steigende als auch über fallende Kurse freuen kann.

Mahnende Worte

Es ist festzuhalten, dass sich jeder, bevor er in Kryptowährungen investiert, über seine Ziele im Klaren sein sollte. Welches Risiko ist man bereit einzugehen bzw. welcher Risikotyp ist man? Wie viel Zeit kann man investieren? Welche Summen kann man investieren, ohne direkt in eine Schieflage zu geraten, sollte das Investment scheitern? Diese und noch viele weitere Fragen sollten im Vorfeld geklärt werden, damit nicht aus anfänglicher Euphorie eine Katastrophe erwächst. Auch ist es ratsam sich mit den Grundlagen des Wertpapier- und Devisenhandels auseinanderzusetzen, um klassische Anfängerfehler, vor allem psychologischer Natur, zu vermeiden.

KAPITEL 4: Alternative Investmentmöglichkeiten

Nachdem in den vorherigen Kapiteln digitale Währungen generell vorgestellt, über die damit zusammenhängenden Risiken aufgeklärt und Investmentstrategien diskutiert wurden, sollen nun weitergehende Investmentmöglichkeiten aus dem Anwendungsgebiet der Kryptowährungen vorgestellt werden.

Den Beginn stellt das Mining dar, das eine ursprüngliche Form des profitorientierten Investments in eine Kryptowährung verkörpert: Die Rechenleistung von Computern wird dem Netzwerk zur Verfügung gestellt und der Aufwand, der damit verbunden ist, wird durch neu generierte ("geschürfte") Coins sowie einen Anteil an den Transaktionsgebühren entlohnt.

Im weiteren Verlauf werden ICOs diskutiert. Initial Coin Offerings stellen eine Crowdfunding-Form dar, bei der Token eines Projekts gekauft werden. Für das Projekt bedeutet das finanzielle Unterstützung und für die Investoren eine Möglichkeit, früh in ein aussichtsreiches Unternehmen zu investieren.

Initial Coin Offerings nutzen als Plattform häufig Ethereum, weshalb Ethereum als Investment-Case genauer diskutiert wird. In diesem Kontext werden so genannte Dezentrale Autonome Organisationen vorgestellt, die eine Art Crowd-Investing oder einen dezentral organisierten Fonds darstellen. Solche Dezentralen Autonomen Organisationen sind nicht auf Ethereum beschränkt. Aus diesem Grund wird auch das Governance-Modell von DASH erläutert wird. Des Weiteren werden Investmentfonds respektive ETFs im Zusammenhang mit Kryptowährungen sowie die Möglichkeit des Peer-to-

Peer Lendings diskutiert.

Mining

Unter Mining versteht man das Schürfen, also eine Art des „Produzierens", von Kryptowährungen. Genauer gesagt wird man dafür entlohnt, dass man das System mit betreibt und die Infrastruktur zum Beispiel für die Durchführung von Transaktionen auf einer Blockchain bereitstellt. Abhängig ist die Art des Minings vom als Proof bezeichneten Konsens- oder Überprüfungs-System. Im Fall von Bitcoin (Proof-of-Work) geht es darum, durch das Rechnen von mathematischen Aufgaben Transaktionen zu bestätigen. Bei Peercoin, oder zukünftig vielleicht auch bei Ethereum spricht man von Proof-of-Stake (POS). POS bedeutet, dass man durch das Anlegen eines festen Betrages in einer Node das Recht erhält, sich an den Transaktionsprüfungen zu beteiligen und dadurch entlohnt zu werden.

Für weiterführende technische Details sei auf das Buch „Die Blockchain-Bibel" verwiesen.

Arten von Mining

Self-Hosted-Mining

Ganz klassisch trägt man beim Self-Hosted-Mining selbst die Verantwortung für die technische Seite des Minings. Die Miner werden etwa in der eigenen Wohnung installiert. Dies erfordert etwas technisches Know-How, je nachdem, um welche Kryptowährung es sich handelt und inwieweit die Hardware vorkonfiguriert ist. Einige Miner bieten eine Plug-and-Play-Möglichkeit mit einfacher Einrichtung, während andere Miner es erfordern, eine eigene Maschine (z.B. mit Linux) aufzusetzen, an die die Miner angeschlossen werden.

Cloudmining

Der Begriff „Cloud“ lässt bereits vermuten, dass die Geräte nicht unbedingt im eigenen Wohnzimmer angeschlossen werden. Stattdessen zahlt man beim Cloudmining an einen externen Anbieter, der sich um die technische Bereitstellung der Miner kümmert. Er verspricht für einen bestimmten Preis über eine festgelegte Dauer die ebenfalls festgelegte Rechenleistung in das Netzwerk einzuspeisen. Statt mit realer Hardware arbeiten zu müssen, delegiert man die Aufgabe an einen externen Betreiber und zahlt lediglich eine Gebühr. Dafür erhält man anschließend zum Beispiel Auszahlungen direkt in Form von Bitcoins oder anderen Kryptowährungen.

Cloudmining ist im Allgemeinen sehr umstritten. Dies liegt vor allem daran, dass nicht alle Betreiber Nachweise über ihre Hardware liefern. So ist zu vermuten, dass sie eventuell ein Schneeballsystem betreiben und die Ausschüttungen, die vermeintlich durch das Mining erzielt wurden, tatsächlich von neuen Kunden bezahlt werden. Auf der anderen Seite ist zu argumentieren, dass Cloudminer Skaleneffekte und Geo-Arbitrage besser nutzen können. Durch die riesige Infrastruktur verteilen sich die Fixkosten der Miner auf eine größere Gruppe und können Kooperationen mit Hardware-Herstellern eingehen.

Mining als Investment

Die Motivation liegt ganz klar auf dem Vermögensaufbau. Geräte, die für das Mining beschafft werden, sind eine Investition, die sich rentieren soll. Ebenso verhält es sich mit der Anlage von Geld in Proof-of-Stake-Systemen, die ebenfalls eine Rendite abwerfen soll.

Hobby-Mining

Eine andere Motivation kann in der Unterstützung des Systems bestehen: man schaut weniger auf die Profite, sondern beteiligt sich als Miner, um das System aus eigener Kraft mit am Leben zu erhalten. Da der Fokus dieses Buches ganz klar auf Investments liegt, ist das Hobby-Mining hier lediglich der definitorischen Vollständigkeit halber erwähnt.

Wann Mining sinnvoll ist

Wer Mining betreibt und Profite erzielen möchte, sollte folgende Regeln beachten:

Mining ist eine Expertendisziplin

Wer leichtsinnig Investments tätigt, wird früher oder später rote Zahlen schreiben. Daher gilt insbesondere für das Mining, fachlich immer auf dem aktuellsten Stand zu bleiben. Es gibt keine einheitliche Plattform wie beispielsweise eine Börse, auf der Investments zentral getätigt werden können. Ebenso lassen sich bisherige Strategien des Vermögensaufbaus nicht einfach übertragen, da es kaum ähnliche Modelle gibt. Anders verhält es sich beim Trading – dort lässt sich das Wissen über Trading von traditionellen Börsen in bestimmten Fällen auf Krypto-Börsen übertragen. Deshalb gilt: Wer Erfolg haben will, muss stets auf dem neuesten Stand bleiben und tiefer in die Materie einsteigen.

Kursschwankungen beachten

Es gibt zahlreiche Faktoren, die in die Profitabilitätskalkulation für ein Mining-Investment einfließen müssen. Dazu zählen beispielsweise der Strompreis, die Mining-Schwierigkeit (wird vom Netzwerk vorgegeben) und der Kurs. Möchte man die Mining-Vergütungen, die man selbstverständlich in Form der Kryptowährung erhält, in

Fiatwährungen zurücktauschen, ist man je nach Zeitfenster von Wechselkursschwankungen abhängig. Bei der Kalkulation sollte dabei insbesondere eine Korrektur des Wechselkurses nach unten mit eingeplant werden.

Mining ist ungleich Trading

Eines der größten, aber häufig auftretenden Missverständnisse, ist, dass Mining Trading entspricht. Häufig hört man Sätze wie „Ich mine Bitcoin, auch wenn sich das jetzt noch nicht lohnt, werde ich Gewinne machen, sobald der Kurs steigt". Wer auf Kursgewinne wartet, der sollte auf den Kurs setzen und statt Mining besser Trading betreiben. Denn Trading zielt auf Gewinne durch An- und Verkauf der Währung ab. Mining hingegen bedeutet: Hardware kaufen, Energie investieren und Geduld beweisen, um anschließend Vergütungen in der Kryptowährung erhalten. Es ist nicht empfehlenswert, die Investmentvehikel zu mischen. Möchte man in Wirklichkeit auf Kursgewinne setzen und investiert in Cloudmining, begibt man sich damit nur in einen viel größeren Raum von Abhängigkeiten und verliert das eigentliche Ziel außer Augen.

Cloud-Mining oder Self-Hosted-Mining?

Ist die erste Frage („Lohnt sich das Mining?") positiv beantwortet, geht es an die konkrete Planung und die Auswahl der Mining-Art. Hier sollte vor allem nach eigenen Kenntnissen und nach vorhandener Infrastruktur entschieden werden. Zwar verlangen Cloud-Anbieter mancherorts hohe Gebühren für ihre Services, doch ist es in der Regel ausfallsicherer als selbst ein Linux-System, mit dem man noch nie gearbeitet hat, aufzusetzen und es 24/7 zu betreiben. Gleiches gilt für die Infrastruktur – je nachdem, aus welchem Land Investor und Cloudminer stammen, kann letzterer von günstigeren

Strompreisen profitieren. Insbesondere der Strom in Deutschland ist erheblich teurer als vielerorts auf der Welt. Im Einzelfall müssen immer beide Alternativen kalkuliert werden, um sie vergleichbar zu machen.

Vorsicht bei Cloud-Verträgen

Häufig wird von Anbietern leicht zu verdienendes Geld versprochen: man müsse nur einmal für den Vertrag bezahlen und für alles Weitere sorge der Cloudmining-Anbieter. Das stimmt zwar oft, ist aber teilweise an einige Bedingungen geknüpft. So legen manche Cloudminer in den Bedingungen fest, ihre Services (vorübergehend) einzustellen, wenn die Gewinne durch das Mining so gering sind, dass durch die Energie mehr Kosten aufgewendet als Umsatz erwirtschaftet wird. Das ist prinzipiell rational, aber in zweierlei Aspekten problematisch: erstens wählt man einen Cloudminer gerade, weil man diesen Schwankungen aus dem Weg gehen möchte und jederzeit Rechenleistung einspeisen möchte. Es wäre nur fair, den Betrieb (vorübergehend) einzustellen, wenn der Cloudminer die potenziellen Gewinne an die Kunden ausschüttet – auch wenn in der Realität nicht gemined wird. Denn er spart sich dadurch die Stromkosten (die höher als die Gewinne sind) und der Kunde erhält, was er sonst auch erhalten hätte. Zweitens ist vor Vertragsauslegungen zu warnen, denn je nachdem was der Cloudminer in seinen Verträgen oder Geschäftsbedingungen vorgibt, kann er unter Umständen auch in Fällen mit einem Ermessensspielraum über die Einstellung des Mining-Betriebs entscheiden. Ebenso sollten Lifetime-Verträge kritisch hinterfragt werden. Mit diesem Wort werden viele psychologische Tricks getrieben, die Kunden in eine Gedankenfalle locken: es mag sein, dass man ein Leben lang Anspruch auf die Mining-Power hat. Das Bitcoin-System ist aber beispielsweise darauf festgelegt, dass eine Inflation von Rechenpower zu Ertrag stattfindet. Damit verläuft die Einnahmekurve also asymptotisch, das heißt in einer Ewigkeitsbetrachtung nähert man sich einem bestimmten Erlös an. Ein Beispiel soll diesen Effekt verdeutlichen: Hat man nach fünf Jahren zehn Euro verdient und die Mining-Erträge werden ab diesem Zeitpunkt so klein, dass sie nicht mehr in Centbeträgen darstellbar sind, dann pendelt sich der Ertrag auf zehn Euro ein, denn bis zum Ende der Lifetime wächst er nicht mehr. Das klingt eigentlich selbstverständlich, doch wird beim Wort Lifetime-Vertrag oft gedacht, dass es sich irgendwann rentieren müsse. Schließlich habe man die Rechenleistung ja für immer gekauft. Und irgendwann werde man das investierte Geld wieder herausholen können. Das ist nicht immer korrekt. Es ist wichtig, sich nicht auf Lifetime-Verträge zu verlassen und außerdem zu bedenken, dass viele Anbieter den Betrieb einstellen, wenn die Miner nicht mehr genügend Erträge liefern. Wer in Mining-Produkte investiert, sollte wie bei allen anderen Investitionen eine harte Kalkulation durchführen, die eine Zahl liefert. Und nur diese Zahl ist entscheidungsrelevant. Alles andere ist Psychologie.

Wie verdient man Geld durch Cloudmining?

Entscheidend ist, dass man für eine bestimmte Laufzeit Mining-Power mietet, die im Fall von Bitcoin-Mining in das Bitcoin-Netzwerk eingespeist wird. Man bezahlt oft einmalig und erhält dafür anschließend die gemietete Rechenkapazität für den bezahlten Zeitraum. Das bedeutet: als Kunde spekuliert man indirekt auf mehrere Einflüsse, darunter vor allem auch auf den Bitcoin-Kurs.

Sehr hohe Verdienstmöglichkeiten ergeben sich bei Cloudminern oft dann, wenn der Bitcoin-Kurs einige Tage zuvor extrem angestiegen ist und man für die Zukunft mit eben diesem hohen Wert kalkuliert. Man geht also davon aus, dass man die geschürften Bitcoins zum Ende der Laufzeit immer noch zum aktuellen Preis verkaufen kann. Im Abschnitt "Wann lohnt sich ein Mining-Vertrag" wird genauer auf die wichtigsten Kennzahlen eingegangen.

Worauf sollte man bei der Auswahl eines Cloudminers achten?

Wichtig ist, dass der Anbieter seine Geräte wirklich physisch nachweisen kann. Einige Anbieter haben sich vehement dagegen gewehrt, einen Beweis für das Vorhandensein der Miner zu liefern. So entsteht schnell der Verdacht, dass hinter dem Mining-Business lediglich eine große Blase in Form eines Schneeballsystems steckt, die in nicht allzu weit entfernter Zukunft zu platzen droht. Selbstverständlich können auch Bilder von Miningfarmen widerrechtlich verwendet, gekauft oder gefälscht werden. Einem Anbieter, der seine Farmen überhaupt nicht nachgewiesen hat, sollte man aber mit besonderer Skepsis begegnen.

Ein weiterer Indikator für die Verlässlichkeit und Seriosität eines Anbieters sind die geleisteten Versprechen. Schwarze Schafe versprechen oft horrende Beträge, die Opfer in die Falle locken und durch Träume von der finanziellen Freiheit schnell in den Ruin treiben. Man sollte mit gesundem Menschenverstand prüfen, ob die versprochenen Erträge wirklich realistisch sind.

Preisanalyse: Wann lohnt sich ein Mining-Vertrag?

Ob sich ein Mining-Vertrag lohnt, lässt sich über bestimmte Kennzahlen errechnen. Man sollte sich dennoch im Klaren darüber sein, dass sich die Kennzahlen jederzeit (insbesondere bei langen Verträgen) ändern können.

Daher sollte auch die Änderungswahrscheinlichkeit mit als Kennzahl einbezogen werden. Allgemein gesagt ergibt sich der Gewinn durch folgende Formel:

Gewinn = (Geschürfte Bitcoin-Menge x Bitcoin-Preis) – Fixkosten für den Miningvertrag – laufende Kosten

Diese Formel ist sowohl für das Bitcoin-Mining als auch für das Mining jeder anderen Kryptowährung anwendbar. Die Formel sieht zunächst einfach aus, doch dahinter verbergen sich viele Unsicherheiten:

Bitcoin-Kurs:

Die Mining-Auszahlungen finden normalerweise regelmäßig statt. Um den geplanten Profit zu erwirtschaften, muss der Bitcoin-Kurs zumindest zum Ende der Laufzeit den erwarteten Kurs erreichen. Dann könnte man die angesammelten Bitcoins verkaufen und den kalkulierten Erlös erzielen.

Laufzeit:

Je länger die Laufzeit, desto höher das Risiko. Wer einen dreijährigen Vertrag abschließt, weiß erstens so gut wie gar nicht, auf welchem Niveau sich der Bitcoin-Kurs zum Ende der Laufzeit befindet und ebenfalls nicht, wie sich die gesamte Hash-Power im Netzwerk entwickelt.

Mining-Difficulty (Schwierigkeit):

Die Difficulty (Schwierigkeit der Mining-Berechnungen) wird gewissermaßen durch die Rechenkapazität bestimmt, die von allen Minern zusammen in das Bitcoin-Netzwerk eingespeist wird. Auf lange Sicht rechnet man stets mit einem Anstieg der Difficulty, da die Technik weiterentwickelt wird und so größere Rechenleistungen möglich sind. Wer einen Cloudmining-

Vertrag abschließt, erwirbt hingegen meist das Recht, eine fix definierte Rechenpower zu beanspruchen. Da diese aber sehr inflationär ist, erwirtschaftet sie mit der Zeit durch die steigende Schwierigkeit normalerweise einen geringer werdenden Gewinn. So lässt sich wieder die Brücke zum Risiko der Laufzeit schlagen.

Block-Reward

Wer selbst aktiv mitschürfen oder minen möchte, den interessiert vor allem der Block-Reward, also die Anzahl an Bitcoins, die pro gefundenem Block ausgeschüttet werden. Die Ausschüttung wird dabei nach jeweils 210.000 geschürften Blöcken immer weiter halbiert. So wurde im Juli 2016 der Block-Reward von 25 Bitcoin auf 12,5 Bitcoin halbiert. Wann das Block-Halving stattfindet, kann meist nicht genau vorausgesagt, sondern lediglich geschätzt werden. Websites wie bitcoinblockhalf.com geben eine Indikation über den Halving-Zeitpunkt.

Versteckte Kosten (Gebühren, Strom)

Viele Cloudmining-Anbieter verlangen neben der einmaligen Zahlung für die Vertragslaufzeit auch laufende Gebühren, beispielsweise für die Stromkosten, um die Betriebskosten zu decken. Man sollte also aufpassen, dass die laufenden Kosten den Gewinn ab einem bestimmten Zeitpunkt nicht übersteigen. Wie bereits erwähnt haben einige Anbieter ihre Dienste zu Krisenzeiten, in denen der Kurs kurz vorher extrem gefallen war, sogar heruntergefahren, da die laufenden Kosten nicht durch den erwirtschafteten Gewinn hätten gedeckt werden können. In der Regel ziehen die Anbieter maximal Stromkosten in der Höhe ab, wie Gewinne erwirtschaftet wurden, sodass Kunden nicht zusätzlich draufzahlen müssen. Während die Stromkosten gewissermaßen in der Natur der Sache liegen und aus wirtschaftlichen Gründen der Betrieb kurzzeitig heruntergefahren werden kann, sollte man sich vor Auszahlungsgebühren in Acht nehmen: da Bitcoin-Transaktionen keine nennenswerten Gebühren mit sich bringen, sind Auszahlungsgebühren nur selten zu rechtfertigen und stellen oft eine versteckte Kostenfalle dar.

Wirtschaftlichkeitsanalyse in der Praxis

Die oben beschriebenen Theorien sind sehr umfangreich. Es lassen sich auch nicht alle Faktoren quantifizieren, um wirklich berechnen zu können, ob sich ein bestimmter Cloudmining-Vertrag lohnt. Einige der Kennzahlen kann man dennoch so verdichten, dass sich der erwartete Gewinn in etwa abschätzen lässt. Hilfestellung können dabei auch zahlreiche online verfügbare Mining-Wirtschaftlichkeits-Rechner geben, zum Beispiel der Rechner auf bitcoinx.com/profit/ oder cryptocompare.com/mining/. Hier lässt sich die Mining-Profitabilität zahlreicher digitaler Währungen errechnen. Das Tool berechnet, wie viel Geld sich mit einer bestimmten Rechenleistung verdienen lässt. Entscheidend ist dabei, dass das Tool nicht nur den heutigen Kurs und die heutige Difficulty mit in die Berechnung einbezieht, sondern dass man diese Werte frei wählen kann. Normalerweise gibt man hier etwa den Anschaffungspreis des Mining-Geräts an. Bei Cloudmining-Verträgen bietet es sich an, hier die Vertragskosten einzukalkulieren. Selbstverständlich ist auch hier etwas Fingerspitzengefühl gefragt: eine richtige Schätzung gibt es logischerweise nicht. Man sollte daher möglichst viele Szenarien durchspielen und schauen, unter welchen Annahmen sich welcher Gewinn ergibt. Rechnet man mit einem starken Anstieg der Difficulty oder einem konstant verlaufenden Bitcoin-Preis? Muss man Stromgebühren beim Cloudminer entrichten? Wie stark nimmt der Mining-Verdienst durch Anstieg der Difficulty pro Jahr ab? Der Wert Hardware-Break-Even gibt an, nach welchem Zeitraum man unter Annahme der eingegebenen Werte seine Investition durch Gewinne amortisiert hätte.

Nachfolgend eine Beispielrechnung für ein fiktives Mining-Projekt. Wie oben bereits erwähnt, kann man das Tool sowohl für das hauseigene Mining als auch für Cloudmining-Verträge nutzen.

Folgende Parameter kann man zur Berechnung angeben:

- **Bitcoin-Difficulty:** Die Mining-Schwierigkeit (wie oben bereits erklärt). Auf bitcoinx.com wird das Feld mit der aktuellen Difficulty des Netzwerks vorausgefüllt.

- **Bitcoins-per-Block:** Der Block-Reward (Anzahl an Bitcoins, die pro Block neu generiert werden) ist in der Regel ebenfalls vorspezifiziert. Der Block-Reward halbiert sich immer weiter. Der aktuelle Block-Reward lässt sich schnell im Internet herausfinden.

- **Conversion-Rate (USD/BTC):** Bitcoin-Preis für die Kalkulation. Vorsicht, wenn zu der Zeit gerade ein Bitcoin-Boom herrscht. Schließlich muss man die Bitcoins nach beispielsweise einem Jahr verkaufen, wenn sie laufend geschürft werden. Man sollte daher mit dem Preis kalkulieren, den man langfristig für realistisch hält.

- **Hash-Rate:** Rechenkapazität des Miners bzw. des Cloudmining-Vertrags.

- **Electricity-Rate:** Stromkosten pro Kilowattstunde

- **Power-Consumption:** Stromverbrauch des Miners in Watt. Achtung: Auch Cloudmining-Anbieter verlangen manchmal Stromgebühren.

- **Time-Frame:** Betrachtungszeitraum der Investition. Hier spezifiziert man, wie lange man das Mining-Projekt durchführen möchte. Das Tool kalkuliert anschließend, wie hoch der Gewinn nach Ende dieser Zeitperiode ist.

- **Cost-of-Mining-Hardware:** Einmalkosten für die Mining-Hardware. Für Cloudmining-Verträge können hier die Vertragskosten angesetzt werden.

Hat man all die oben erklärten Parameter spezifiziert, kalkuliert das Tool mehrere Kennziffern, die die Investmententscheidung erleichtern. Am wichtigsten sind die Kennziffern Hardware Break Even und Net Profit First Time. Erstere gibt an, nach welchem Zeitraum sich die Einmalausgaben zu Beginn amortisiert haben, ergo wann man (umgerechnet zum angegebenen Bitcoin-Kurs) genügend Bitcoin geschürft hat, damit der Miner abbezahlt ist.

Der Net Profit gibt an, wie viel Geld man innerhalb der spezifizierten Zeitperiode verdient hat. Das kann sinnvoll sein, wenn man das Projekt beispielsweise ein oder zwei Jahre durchführen möchte. So erhält man eine Zahl, die in dieser Zeit realistischer Weise erreicht werden kann.

Zeigt die Berechnung an, dass der Hardware Break Even niemals erreicht wird, liegt dies daran, dass die laufenden Kosten die laufenden Einnahmen übersteigen, da also etwa die verbrauchte Energie teurer war, als die Bitcoins wert waren, die in dieser Zeit generiert wurden. Nochmals sei darauf hingewiesen, dass man bei der Benutzung des Tools zahlreiche Annahmen treffen muss. Es ist wichtig, die Werte möglichst genau zu schätzen und unter Umständen verschiedene Szenarien durchzurechnen. Eine Möglichkeit ist die klassische Dreiteilung in Worst-, Average- und Best-Case.

- **Worst-Case:** Schlechtmöglichstes Szenario, das eintreten kann (rein mathematisch gesehen könnte das beispielsweise ein Bitcoin-Preis von null Euro sein).

- **Average-Case:** Durchschnittliches Szenario, das man für realistisch hält.

- **Best-Case:** Bestmöglicher Fall, der im realistischen Rahmen liegt.

Man könnte also mit einem Bitcoin-Preis von 0 Euro, 1.000 Euro und 2.000 Euro kalkulieren, um anschließend drei Szenarien und einen visuellen Überblick über die Investition zu erhalten: Was kann im schlimmsten Fall passieren (in der Regel der Totalverlust), was ist das realistische Gewinnpotenzial und wo ist der Gewinn durch realistische Rahmenbedingungen nach oben hin gedeckelt? Psychologisch sollte die Entscheidung damit leichter fallen.

ICOs und junge Kryptowährungen

Die Entwicklung einer neuen Kryptowährung ist nicht umsonst. Ein Protokoll muss geschrieben und getestet werden, es benötigt zum Start einige Nodes und Miner, für die Programme geschrieben werden müssen. Über die Mittel, die hierfür nötig sind, verfügen die Entwicklerteams oft nicht, sodass das notwendige Geld häufig via Crowdfunding gesammelt wird. Im Altcoin-Ökosystem wird hier oft ein sogenannter ICO gestartet. ICO steht für Initial Coin Offering. Bei einem ICO, der für eine bestimmte Zeit läuft, wird ein Anrecht auf zukünftige Coins gegen eine Einlage, die im Regelfall in einer Kryptowährung – meist Bitcoin oder Ether – geleistet wird, gewährt. Hierbei wird üblicherweise kein Mitspracherecht erworben. Die Motivation für Anleger liegt darin, eine langfristig interessante Währung zu einem besonders günstigen Preis zu erhalten. Die Herausforderung für Investoren ist es daher, interessante Kryptowährungen in der ICO-Phase zu finden.

Einer der ersten ICOs war die Emittierung von Mastercoin. Das Development-Team hinter dieser Kryptowährung konnte 2013 insgesamt 5.000 BTC einsammeln. Inzwischen sind ICOs die am häufigsten genutzte Form, neue Altcoin-Projekte zu finanzieren. Allein 2016 wurden über 100 Millionen US-Dollar in ICOs gesteckt. Die einfache, dezentrale Natur eines ICOs hilft vielen jungen Teams, auch ohne Kontakte zu Venture Capital Funds oder Angel Investoren das notwendige Geld einzusammeln. Da die Geschichte der Kryptowährungen noch sehr jung ist, gibt es einige Schwierigkeiten, die Investoren bei der Bewertung von Altcoin-Projekten meistern müssen. Hier lassen sich insbesondere vier verschiedene Herausforderungen erkennen:

Erstens ist die durchschnittliche Lebensspanne der Projekte im Krypto-Ökosystem eher kurz, selbst wenn während des ICOs ein Großteil der Altcoins emittiert wird.

Zweitens ist die Erfolgsrate der meisten Krypto-Projekte nicht gerade hoch und eine Bewertung des Cash-Flows und anderer betriebswirtschaftlicher Kennzahlen schwierig.

Drittens gibt es in den Kryptomärkten keine risikofreien Tauschraten. Wenn man beispielsweise Bitcoin in ein Projekt investiert hat und die beim ICO erworbenen Tokens wieder in Bitcoin tauscht, ist es möglich, dass der BTC-Kurs inzwischen deutlich niedriger notiert.

Viertens hängen Projekte in der Altcoin-Welt oft voneinander ab, was eine Risikoabhängigkeit verschiedener Projekte mit sich bringt. Ein ICO, der beispielsweise auf Ethereum basiert, ist also auch von der Wertentwicklung von Ether abhängig.

Es ist festzustellen, dass ein Investment in einen ICO bzw. in eine sehr junge Kryptowährung ein Risiko darstellt. Trotz aller Ungewissheit kann ein ICO-Investment durch eine umfassende Recherche im Vorhinein auch sehr lukrativ sein. Es empfiehlt sich, sich bei ICOs auf Kryptowährungen zu fokussieren, deren Anwendungsfall sich signifikant von Bitcoin unterscheidet. Hierbei können ähnliche Bewertungsstrategien angewendet werden wie bei Aktien.

Ein Vorteil bei der Behandlung von Altcoins als Aktienanteilen – gerade im Kontext von ICOs – ist, dass man bei der Bewertung auf wohlbekannte ökonomische Modelle zurückgreifen kann. Ein Projekt mit einer externen Einkommensquelle, die an die bestehenden Token-Holder ausgeschüttet wird (The DAO ist hierfür ein Beispiel), würde anders betrachtet werden, als ein Projekt, in dem die Tokens konkret für eine bestimmte Anwendung genutzt werden (die Kryptowährung Storj, mit der ein dezentraler Storage geschaffen wird, ist hier ein Beispiel). Was beide Fälle gemein haben: es müssen zur Bewertung keine neuen Modelle entwickelt werden. Zwar kann der ermittelte Wert zum Positiven wie Negativen stark vom Marktpreis abweichen, da er zumindest kurzfristig von Spekulanten beeinflusst wird, doch zielt eine Fundamentalanalyse letztlich darauf ab, den Wert einer mittel- bis langfristigen Anlage unabhängig von der Stimmung der Trader zu ermitteln.

Bei Aktien fußt der Wert eines Investments auf drei Säulen:

- **Preisentwicklung**, also der möglichen Wertsteigerung durch eine größere Marktakzeptanz.

- **Dividenden**, also möglichen Gewinnanteilen, die an die Anteilsinhaber ausgeschüttet werden.

- **Buybacks**, also dem Rückkauf der Werte durch den ursprünglichen Inhaber.

Bei der Preisentwicklung muss zwischen einer durch eine langfristige Adoption zustande kommenden Wertsteigerung und einer spekulativen unterschieden werden. Bei ersterer wird der wirtschaftliche Wert des Ökosystems auf Basis verschiedener ökonomischer Annahmen berechnet und dann durch die Anzahl der Tokens geteilt – so lässt sich bei vielen Kryptowährungen der Wert eines einzelnen Coins berechnen. Spekulative Wertsteigerungen hingegen entstehen etwa durch künstlich erzeugte Blasen, Hypes oder Pump-and-Dump-Schemes. Der technische Trader kann diese kurzfristigen Entwicklungen nutzen, der langfristige Investor hingegen sollte plötzliche Kursänderungen nicht sofort als Bestätigung oder Widerlegung seiner Wertabschätzung betrachten.

Ein Beispiel für Dividenden im Bereich der Kryptowährungen wurde im Zusammenhang mit der DAO vorgestellt. Doch auch andere Projekte besitzen neben der Preisentwicklung eine Cash-Flow Komponente: ähnlich wie Firmen einen Profit erwirtschaften und ihre Anteilsinhaber daran beteiligen können, bedienen sich auch bestimmte Altcoins solch eines Verfahrens. Augur etwa bietet mit seinen Coins namens Reputations (REP) ein Modell, das einer Dividende entspricht. Alle Gebühren, die durch Transaktionen aufkommen, werden an jene REP-Holder in Form von Ether ausgezahlt, die bei einem Voting-Prozess mit dem Konsens mitgestimmt haben. Je mehr Transaktionen es gibt, desto größer ist entsprechend das Einkommen, das REP-Holder erwirtschaften können.

Iconomi, ein dezentrales Fondsmanagementsystem, hat ebenfalls ein Dividenden-ähnliches System entwickelt, das jedoch zwischen zurückgehaltenem und verteilbarem Einkommen unterscheidet. Das Projekt generiert Einkommen in Form von Ether für Gewinne, die durch Asset-Management und Gebühren entstehen. Ein Teil dieser Gebühren wird von dem Projekt selbst zur Kostendeckung verwendet, der Rest fließt an die Besitzer der Token.

Ein System, das an einen Buyback erinnert, ist schwieriger zu finden. Das ursprüngliche BitShares-Ökosystem war ein Altcoin-System mit ähnlichen Eigenschaften. Die maximale Anzahl an BitShares war nach oben hin begrenzt und jede Transaktion wurde mit einer Gebühr in BitShares bezahlt. Ein Teil dieser Gebühr wurde den einzelnen im Proof-of-Stake agierenden Nodes gezahlt, der Rest wurde verbrannt – ein Prozess, der dem Buyback sehr ähnlich ist, da so die Gesamtmenge der Tokens verringert wurde und somit jeder Token-Holder einen etwas höheren Anteil an der Gesamtmenge besaß.

Die Beispiele zeigen: viele Tools aus dem professionellen Aktienanalysegeschäft lassen sich auf für die Bewertung von Altcoins nutzen, wenngleich je nach Beschaffenheit des jeweiligen Altcoins unterschiedliche Bewertungsmodelle herangezogen werden sollten. Letztlich führt man zur Bewertung eines Altcoins zwei Schritte durch: Man schätzt die Größe des Marktes ab und wie diese Marktgröße sich als Gewinn pro einzelnem Token ausdrücken kann. Die Abschätzung der Marktgröße kann als Top-Down oder Bottom-up durchgeführt werden. Im Fall eines Top-Down-Ansatzes würde zur Abschätzung der Marktgröße zunächst überlegt, wie groß der tatsächliche Markt ist und welchen Marktanteil die auf einer Kryptowährung basierende zu bewertende Lösung langfristig für sich beanspruchen kann. Der Bottom-up-Ansatz geht umgekehrt vor und bewertet zunächst die einzelnen Komponenten und auf dieser Basis schließlich das gesamte Unternehmen.

Sobald Marktgröße und Gewinne abgeschätzt wurden, können Investoren Frameworks wie das Dividendenwachstumsmodell oder das relative Bewertungsmodell nutzen. Ersteres liefert einen Wert basierend auf prognostizierten Gewinnen und Dividenden, letzteres vergleicht das betrachtete Altcoin-Projekt mit bestehenden Unternehmen, deren Wert wohlbekannt ist.

Die Suche nach Quellen für derartige Modelle und zur Abschätzung der Marktgröße gestaltet sich für Kryptowährungen einfach, da Investoren innerhalb der Kryptoszene die Offenheit des Systems in die Hände spielt: der Code hinter den Währungen ist oft Open-Source, technische Hintergrundinformationen sind oft von jedem einsehbar und zudem sind die Blockchains komplett offen. Dadurch wird ersichtlich, was die Kryptowährung zu leisten verspricht, wer die Macher hinter der Währung sind und ob man etwas über ihre Reputation in Erfahrung bringen kann. Ferner sollte darauf geachtet werden, wie die Community auf die entsprechende Kryptowährung reagiert. Schreiben beispielsweise immer dieselben Leute sehr positiv über einen ICO oder eine neue Kryptowährung, ist dies ein durchaus verdächtiges Zeichen. Gerade bei der Analyse des Feedbacks der Community bieten sich Methoden der Datenanalyse, etwa die Sentimentanalyse, an. In dieser werden auf Basis von Textanalyse und Statistik Texte im Hinblick auf die in Ihnen transportierte Stimmung, das Sentiment, ausgewertet. So können Beiträge auf Twitter, innerhalb von Foren wie beispielsweise bitcointalk.de oder auf Reddit bewertet werden mit dem Ziel eine Übersicht über die generelle Stimmung gegenüber der Währung oder gegenüber dem ICO zu erhalten.

Diese Analysemethoden lassen sich nicht nur bei neuen Kryptowährungen oder im Fall eines ICOs anwenden, sondern sie sind auch für die Betrachtung etablierter Altcoins interessant. Bei etablierten Altcoins sollte neben den beschriebenen Methoden jedoch zusätzlich das aktuelle Tagesgeschäft der betrachteten Kryptowährung analysiert werden. Verschiedene Kenngrößen, die darstellen, wie sehr die Währung in Benutzung ist, bieten sich hier an. Als allererstes ist hier die Marktkapitalisierung zu erwähnen. Auf Seiten wie coinmarketcap.com lässt sich einsehen, wie viel Fiatgeld in eine Währung investiert wurde bzw. wird. Im Fall von Bitcoin ist sie das Produkt aus der Anzahl der vorhandenen Bitcoin und dem aktuellen Wert eines Bitcoin.

Das Problem bei der Marktkapitalisierung ist, dass sie keine direkte Aussage über den tatsächlichen Gebrauch der Kryptowährung ermöglicht. Hier können jedoch andere Größen wie die Anzahl der Transaktionen oder das Transaktionsvolumen in einem bestimmten Zeitraum helfen. Sofern diese beiden Größen nach Transaktionsadressen sortiert werden können, können weitere Information gewonnen werden. Die am häufigsten genutzten Adressen sind oft jene der Exchanges – vergleicht man diese Adressen mit den restlichen Adressen, lässt sich das Volumen, das durch Trading entsteht, mit dem Volumen, das durch wirklichen Handel zustande kommt, vergleichen. In diesem Kontext kann auch die Anzahl der genutzten Adressen eine Indikation über die tatsächliche User-Adoption der jeweiligen Kryptowährung liefern.

Eine weitere interessante Messgröße ist die Anzahl der Tage, die ein Krypto-Betrag durchschnittlich im Wallet verbringt – man spricht hier von zerstörten Tagen. Mit jedem Tag, an dem die Coins im Wallet nicht ausgegeben wurden, wird letztlich künstlich die Deflation angekurbelt. Die Anzahl an zerstörten Tagen ist ein Maß dafür, dass die Währung ruht. Dies muss nicht unbedingt negativ sein – etwa, wenn jemand ein Hardware-Wallet als Sparbuch nutzt –, doch kann eine hohe Zahl zerstörter Tage auch ausdrücken, dass das Interesse an einer Währung verloren gegangen ist. Interessant ist deshalb vor allem die Fluktuation in Wallets mit geringen Beträgen, da sie eine genauere Indikation darüber erlaubt, ob und wie regelmäßig eine Kryptowährung genutzt wird.

Auf verschiedenen Webseiten wie CryptoID können weitere technische Informationen über eine Kryptowährung eingeholt werden. Die Hash-Rate, die Difficulty und das Verhältnis aus aktueller Blockgröße und maximaler Blockgröße kann etwas über die Effizienz der Kryptowährung aussagen. Auch die Bestätigungsdauer für eine Transaktion kann nicht nur Gründe dafür liefern, warum eine Währung unbeliebt ist, sondern sie kann auch umgekehrt implizieren, dass eine immer längere Transaktionszeit sich negativ auf die Adoption einer Währung (und damit das Investment) auswirken wird. Ähnliches verhält es sich mit der Höhe der Transaktionsgebühren, deren Anstieg mit Sicherheit nicht als positiv zu bewerten ist.

Für sich betrachtet sind diese Daten kein K.O.-Kriterium – allerdings vermitteln sie wertvolle Informationen über das Wohlergehen (und damit den Wert) einer Kryptowährung. Gerade eine Veränderung der genannten Kennzahlen kann hilfreich sein, um zukünftige Wertveränderungen einer Kryptowährung zu antizipieren.

Der Unterschied zwischen ICOs und Trading

ICOs sind derzeit das wohl gehypeteste Investitionsvehikel im Kryptobereich. Die Initial Coin Offerings sollen durch Crowdfunding neue Projekte unterstützen und (Klein-)Anlegern frühe Investmentmöglichkeiten bieten.

Der Begriff ICO ist dabei angelehnt an den Begriff des IPO (Initial Public Offering) aus der Welt der Börse und beschreibt den Verkauf von Tokens zum Start eines neuen Projekts.

Geht ein Unternehmen an die Börse, dann verkauft es im sogenannten IPO die Wertpapiere direkt an Investoren. Das eingenommene Geld fließt dann dem Unternehmen zu, was an die Börse gegangen ist und der ursprüngliche

Eigentümer des Unternehmens verkauft im Gegenzug Besitzanteile an der Firma. Wichtig ist der Unterschied zwischen einem IPO und dem Wertpapierhandel. Der übliche Wertpapierhandel findet zwischen Käufern und Verkäufern statt: Person A verkauft etwa Aktien an Person B. Beim IPO hingegen findet der Verkauf vom emittierenden Unternehmen zum Anleger statt. Der entscheidende Unterschied hierbei ist wem das Geld zufließt: Beim IPO fließt das Geld dem emittierenden Unternehmen zu, beim Handel hingegen werden Besitzanteile zwischen den Anteilseigentümern ausgetauscht. Das Unternehmen erhält bzw. zahlt dafür kein Geld. Sind alle Wertpapiere verkauft, dann ist der IPO, also das initiale Angebot, abgeschlossen und der Handel beginnt. Es lässt sich bereits vermuten: IPOs sind interessant, da man darauf spekuliert, dass der tatsächliche Wert der Anteile über dem Ausgabepreis liegt, den das Unternehmen verlangt.

Mit Blick auf ICOs ist der Ablauf sehr ähnlich: befindet sich ein Projekt in der Anfangsphase, dann suchen die Entwickler oft nach Kapital, um die Entwicklung zu finalisieren. Handelt es sich beispielsweise um eine Kryptowährung, dann werden bei Fertigstellung des Systems ohnehin Tokens bzw. Coins emittiert. Der Entwickler verkauft oftmals bereits vor der Fertigstellung des Systems Tokens, die später, wenn das Projekt im Livebetrieb ist, in die Coins getauscht werden können. Ebenso verhält es sich, wenn es sich bei dem neuen Projekt nicht direkt um eine Kryptowährung handelt, der Entwickler jedoch einen Weg schaffen möchte, um die Anteilseigner wie an einer Börse am Gewinn zu beteiligen. Dazu schüttet er Tokens aus, über die später die Gewinne verteilt werden – im besten Fall manipulationssicher und automatisiert via Smart Contracts.

Zusammenfassend lässt sich ein ICO also als der erste Verkauf von Tokens an die Community definieren, der vor dem offiziellen Projektstart erfolgt und dazu dient, das notwendige Geld zur Finalisierung des Projekts einzusammeln.

Einordnung von ICOs in Anlageklassen

Vereinfacht sind ICOs wie folgt einzuordnen: hohes Risiko bei hoher möglicher Rendite. Es ist daher besonders wichtig, in diesem Bereich Diversifikation zu betreiben und durch Investments in verschiedene Projekte Renditechancen und Risiken zu streuen – nicht zuletzt, da es bei ICOs häufig an Transparenz über das dahinterliegende Geschäftsmodell und die entsprechenden Erfolgsaussichten mangelt.

Chancen und Risiken

Chancen

Der Zeitpunkt des Investments kann sich als Vorteil herausstellen, wenn man gleich zu Beginn des ICOs als Investor partizipiert. Bevor das Projekt in den Mainstream gelangt und das Interesse vieler Investoren auf sich zieht, kann man als eine der ersten Personen einsteigen und sich Anteile am Projekt sichern.

Risiken

Zeitpunkt und Exklusivität, zwei positive Aspekte von ICOs, stehen im Widerspruch zur Transparenz. Je früher man in das Projekt investiert, desto weniger Transparenz gibt es üblicherweise über das Projekt. Gleiches gilt für Exklusivität und Sicherheit: Je früher man investiert, desto exklusiver ist der Investorenkreis, aber in der Regel auch die Informationsgrundlage. Eine alte betriebswirtschaftliche Regel besagt, dass Risiko und Rendite miteinander korrelieren. Hohes Risiko – hohe (mögliche) Rendite, niedriges Risiko – niedrige Rendite.

Wer in ICOs investiert, sollte sich im Klaren sein, dass es sich hierbei um ein extrem riskantes Vehikel handelt. Schließlich investiert man in etwas, das noch gar nicht existiert (anders als an der Börse). Die Projekte sind zu diesem Zeitpunkt meist nur in Form eines White-Papers existent. Ob der Business-Case erfolgreich sein wird oder überhaupt umgesetzt wird, ist ungewiss. Sollte er jedoch erfolgreich sein, dann hat man möglicherweise als einer der ersten Investoren von günstigen Konditionen profitiert.

Gerade weil zu Beginn des Projekts noch keine Realumsetzung der Idee existiert und man nur einige Tokens erhält, besitzt man meist keine oder geringe Ansprüche gegenüber dem Verkäufer. Er kann nicht nur einfach mit dem Geld verschwinden und niemals Tokens ausschütten (was relativ schnell auffallen würde), sondern stattdessen Tokens ausschütten, die aber nie wirklich an Wert gewinnen werden, weil er seine Versprechen nicht umsetzt. Ein solches Vorgehen von schwarzen Schafen kommt durchaus vor. Aber auch wenn das Projekt nicht bewusst gegen die Wand gefahren wurde: es ist stets zu bedenken, dass die Tokens nur vom Entwickler kreiert werden und keinesfalls automatisch einen „Wert" haben, sondern vorerst eine Zahl bzw. eine Transaktion auf der Blockchain bleiben.

Investmentfonds und sonstige Finanzprodukte

Mit dem Handel von Kryptowährungen lässt sich viel Geld verdienen – entsprechend reizvoll ist für viele Banken und Investmenthäuser die Idee, Finanzprodukte mit Kryptowährungen als Basiswert zu entwerfen. Durch die Auflegung eines Investmentfonds beispielsweise könnten viele Anleger gewonnen werden, die nicht direkt Bitcoin oder andere Kryptowährungen erwerben möchten. Viele Menschen fühlen sich mit der Materie noch nicht vertraut genug, sodass sie es bevorzugen, den Kauf und die Verwahrung von Kryptowährungen anderen zu überlassen. Zudem schrecken private wie institutionelle Anleger noch immer vor den rechtlichen Unsicherheiten zurück.

Genau hier können Finanzprodukte die Einstiegshürden für Anleger senken und dafür sorgen, dass Bitcoin und andere digitale Währungen einer breiten Masse an Menschen zugänglich werden. Vor allem bieten sich hier die sogenannten ETFs (Exchange Traded Funds) an. Dabei handelt es sich um Investmentfonds, die an einer Börse gehandelt werden und im Regelfall einen Index, also zum Beispiel den Bitcoin-Kurs im Verhältnis zum US-Dollar-Kurs, passiv abbilden. Technisch wäre ein solcher ETF problemlos möglich, doch bestehen bislang noch Schwierigkeiten bei der Zulassung eines solchen ETF seitens der nationalen Börsenaufsichten.

Für eine hohe mediale Aufmerksamkeit sorgte im März 2017 ein Genehmigungsantrag der prominenten Winklevoss-Brüder (Mitbegründer von Facebook), die an der SEC (US-Börsenaufsicht) eine Zulassung für einen Bitcoin-ETF erwirken wollten. Der Antrag auf Zulassung wurde von der SEC abgelehnt mit der Begründung, dass zum einen die notwendige Regulierung fehle und zum anderen der Markt noch zu unreif für einen Bitcoin-Fond sei.

Sicherlich steht die institutionelle Regulierung von Bitcoin noch relativ weit am Anfang und auch die Kontrollmechanismen im Bitcoin-Börsenumfeld mögen noch nicht mit einem alteingesessenen ETF etwa auf den Dow Jones vom Emittenten wie Goldman Sachs oder BlackRock mithalten können. Auch mit Blick auf die Marktliquidität ist Bitcoin vergleichsweise marginal. Doch wurde dem Bitcoin-ETF allein deswegen eine Absage erteilt? Von der Hand zu weisen sind die zwei Ausschlusskriterien der SEC sicherlich nicht –allerdings ist davon auszugehen, dass noch weitere Gründe für die Ablehnung des ETF ausschlaggebend waren. So hätte eine Zulassung des ETF eine enorme Signalwirkung gehabt, der andere Fondsgesellschaften vermutlich zeitnah gefolgt wären und ebenfalls einen börsengehandelten ETF mit dem Basiswert Bitcoin herausgeben hätten. Die Gefahr geradezu hysterischer Emittierungswellen und Kapitalzuflüsse in Milliardenhöhe wären die Folge. Für einen Vermögenswert, dessen Marktkapitalisierung bei knapp 30 Milliarden US-Dollar liegt (Stand Mai 2017), wäre dies ein unkalkulierbares Risiko – eine Blasenbildung würde drohen. Entsprechend wäre ein solch massiver Kapitalzufluss in erster Linie für Spekulanten und Fondsgesellschaften interessant, nicht jedoch für Investoren, die ein stabiles, langfristiges und vor allem nachhaltiges Wachstum von Bitcoin erwarten. Daher kann es durchaus sinnvoll sein mit einer ETF-Zulassung noch etwas zu warten, bis nicht nur die Marktkapitalisierung, sondern auch die Bitcoin-Infrastruktur weiter ausgebaut ist als dies bisher der Fall ist.

Klar ist jedoch, dass die Tatsache, dass mit dem Handel von Bitcoins viel Geld verdient werden kann, in der Logik des gegenwärtigen Finanzkapitalismus dazu führen wird, dass es über kurz oder lang einen behördlich genehmigten Bitcoin-Fond geben muss, da die Nachfrage nach Bitcoin kontinuierlich zunimmt und der Marktnachfrage mittelfristig erfahrungsgemäß nachgegeben wird. Andere Bitcoin-ETFs stehen daher schon in den Startlöchern und werden ebenfalls versuchen eine Börsenzulassung zu bekommen.

ETF-ähnliche Modelle

Auch wenn es gegenwärtig (Stand Mai 2017) noch keinen zugelassenen, reinen Kryptowährungs-ETF gibt, so haben Anleger dennoch die Möglichkeit über verschiedene Zertifikatskonstruktionen in Bitcoin zu investieren. Allerdings weisen diese nicht die regulatorischen Standards auf, die ein Bitcoin-ETF mit einer Genehmigung von der US-Börsenaufsicht erfüllen würde. Gegenüber diesen Zertifikaten sollte daher Vorsicht geboten sein, da sie unzureichend transparent sind und unkalkulierbare Risiken jenseits des eigentlichen Kursrisikos mit sich bringen. Solange es also noch keinen Indexfond mit angemessener und transparenter Regulierung gibt, ist die Direktinvestition in Bitcoin sowohl aus Kosten- als auch aus Sicherheitsgründen grundsätzlich einem undurchsichtig regulierten Finanzprodukt vorzuziehen. Dies gilt genauso für andere Kryptowährungen.

Ethereum, DAO und dezentrale Governance als Investment-Möglichkeiten

In diesem Kapitel wird Ethereum als Investment-Möglichkeit genauer beleuchtet. In diesem Kontext wird auch die DAO, die Dezentrale Autonome Organisation, diskutiert, die seinerzeit zwar fehlgeschlagen ist, doch als Idee weiterhin quicklebendig ist. Wer Geld in Kryptowährungen wie Ethereum investiert, der wird auch in Zukunft nicht an Konstrukten wie der DAO vorbeikommen.

Automatisch laufende Verträge via Ethereum

Eng mit Kryptowährungen assoziiert sind verschiedene Gedanken der Open-Source-Bewegung. Der Slogan "Be your own Bank" unterstreicht die Idee, die hinter Bitcoin steckt – es geht nicht nur darum ein neues, von Banken unabhängiges Geldsystem zu erschaffen, sondern jedem Nutzer die volle Kontrolle über sein Eigentum zu geben. Integraler Bestandteil diese Autonomiegedankens ist das zugängliche Wissen, wie man an diesem neuen Ökosystem teilhaben kann. Bitcoin ist daher ein transparentes System, das auf Ideen von Open-Source, Open-Data und Open-Hardware fußt. Durch diese Offenheit und die Tatsache, dass jeder einzelne Nutzer ein Protokoll verstehen und ändern kann, soll ein System aufgebaut werden, bei dem kein Vertrauen in eine Drittpartei mehr nötig ist.

Solange es um Transaktionen geht, kann Bitcoin diesem Anspruch entsprechen. Was aber, wenn komplexere Prozesse automatisiert werden sollen? Wenn bestimmte vertragliche Bedingungen überprüft und nur unter bestimmten Konditionen eine Zahlung transferiert werden soll? Schnell entsteht das Problem, dass letztlich wieder einer weiteren Instanz vertraut werden muss, die beispielsweise den Code der mit der Kryptowährung interagierenden Programme schreibt. Folglich benötigt die durch Open-Source, Open-Data und Open-Hardware gebildete transparente Kultur der Kryptowährungen zur Vervollständigung eine Open-Execution: Prozesse müssen in ihrer Laufzeit beobachtet werden können, sodass niemand mit verdeckten Karten spielen kann.

Genau dies ist mithilfe von Ethereum möglich: Smart-Contracts sind intelligente Prozesse, die auf der Blockchain gespeichert sind, und ermöglichen eine an Bedingungen geknüpfte Transaktion von Ether, den Tokens der Kryptowährung. Diese Smart-Contracts sind nicht nur für jedermann einsehbar, sondern auch in ihrer gesamten Laufzeit transparent auf der Blockchain verfolgbar.

Diese Technologie ermöglicht viele interessante Anwendungsfälle:

In den Bereichen Industrie 4.0 und Internet of Things kann eine Machine-to-Machine-Kommunikation realisiert werden. Hier werden Konzepte diskutiert wie beispielsweise Elektroautos, die für das Aufladen ihrer Batterie selber zahlen.

Das Unternehmen Slock.it arbeitet an Schlössern, die durch in einem Smart-Contract festgelegte Bedingungen geöffnet und geschlossen werden. Durch solch ein Verfahren ist etwa eine Art dezentrales Airbnb, das ohne Menschen auskommt, denkbar.

Im Zuge selbstfahrender Autos wäre ebenso ein dezentrales Uber realisierbar. Dieses und das vorherige Beispiel des Unternehmens Slock.it sind dabei Beispiele für die Anwendungsfelder im Bereich Sharing-Economy.

Durch Smart-Contracts könnte mit Blick auf die Energiewende eine dezentrale Energieversorgung, also ein Smart-Grid, realisiert werden: einzelne Nutzer können ihre Stromquelle zur Verfügung stellen und durch ähnliche Konzepte wie Slock.it gegen Geld dezentral anbieten. An entsprechenden Konzepten arbeitet das Projekt Share and Charge.

Mit Kryptowährungen wie Ethereum, die Smart-Contracts unterstützen, werden eine Vielzahl von Use-Cases in den Bereichen Industrie 4.0, in der Sharing-

Economy oder in der Energiewende möglich. Da diese Themen generell mit großem Interesse verfolgt werden und die Zukunft nachhaltig prägen werden, lohnt es sich auf jeden Fall, Währungen wie Ethereum genauer zu beobachten. Dadurch, dass viele Startups und Unternehmen zur Realisierung innovativer Lösungen immer stärker auf Ethereum und andere Kryptowährungen, die Smart-Contracts unterstützen, setzen, ist eine Wertsteigerung naheliegend.

Die Ethereum nutzenden Startups generieren häufig Token auf der Ethereum-Blockchain und bieten im Rahmen dezentraler Crowdfunding-Kampagnen, die auch als ICOs (Initial Coin Offerings) bekannt sind, Investoren die Möglichkeit, ihre Projekte zu unterstützen. Die Hoffnung der Anleger ist, dass die erworbenen Token mit dem Erfolg des Startups an Wert gewinnen. Da diese Token letztlich auf Ethereum-Basis generiert wurden und das ICO auf der Ethereum-Blockchain stattfindet, ist bei erfolgreichen, Ethereum-basierten ICOs letztlich auch mittelbar mit einer Wertsteigerung von Ethereum zu rechnen.

Selbstverständlich gilt jedoch wie bei jeder anderen Investmentmöglichkeit, dass diese optimistische Prognose nicht unabänderlich ist. Verschiedene Szenarien können den Kurs von Ethereum negativ beeinflussen:

Wie der später diskutierte Fall der DAO zeigt, kann ein fehlgeschlagenes Projekt einen negativen Einfluss auf den Ethereum-Kurs haben. Aktuell sind viele Projekte im Rahmen von ICOs auf der Ethereum-Blockchain beheimatet – einige dieser Projekte haben mehrere Millionen Euro in Ether akquirieren können. Sollte ein Teil dieser Projekte fehlschlagen oder sollten sich einige dieser Projekte als Betrugsfälle herausstellen, würde der

Ethereum-Kurs darunter dramatisch leiden. Insbesondere Betrugsfälle könnten im schlimmsten Fall regulatorische Konsequenzen bedingen, die dem Ethereum-Netzwerk schaden.

Im Zuge der DAO hat sich ein Teil des Ethereum-Netzwerks getrennt und firmiert seitdem unter dem Namen Ethereum Classic. Der Fall zeigt: signifikante Veränderungen des Protokolls können seitens der Netzwerkbetreiber, also der Nodes und der Miner, zu Widersprüchen führen. Konkret wird seitens der Entwickler hinter Ethereum geplant, noch innerhalb dieses Jahres einen sukzessiven Wechsel des sogenannten Konsensprotokolls zu realisieren. Der Wechsel von einem Proof-of-Work- zu einem Proof-of-Stake-Konsens wird die Miner abschrecken, da sie nicht mehr an den Block-Rewards beteiligt sein werden. Auch wenn dieser Wechsel sanft durchgeführt werden soll, sind Verwerfungen in der Community hinter Ethereum möglich.

Ferner ist Ethereum nicht die einzige Kryptowährung, die Smart-Contracts realisieren kann. Lisk ist ein weiteres Projekt, das sich speziell als Entwicklungsplattform für dezentrale Anwendungen begreift. IOTA, ein auf Internet-of-Things-Anwendungen fokussiertes Netzwerk, hat ebenfalls die Möglichkeit, einfache Smart-Contracts zu implementieren. Mit dem Projekt RSK wird schließlich sogar versucht, das Bitcoin-Netzwerk um eine Smart-Contract-Option zu erweitern.

Die aufgeführten Risiken sollen vor allem dafür sensibilisieren, dass der Investor – sollte er sich für Ethereum entscheiden – den Markt weiter aktiv und aufmerksam beobachtet.

Dezentrales Crowdfunding und dezentrale Organisationen

Smart-Contracts bieten noch viele weitere Anwendungsmöglichkeiten. So lässt sich über Smart-Contracts beispielsweise ein dezentrales Crowdfunding realisieren. Die Technologie kann außerdem genutzt werden, um ein dezentrales und transparentes Crowdinvesting zu organisieren, in dem virtuelle Anteile an einem Projekt an potentielle Investoren verkauft werden.

Gerade dieser letzte Use-Case ist äußerst interessant: auf der Blockchain selbst können Projektinhaber Token erstellen, die sie für Ether verkaufen. Diese Token stehen dann ähnlich wie Aktien für Anteile an der entsprechenden Unternehmung. Über Smart-Contracts lässt sich dann etwa regeln, dass die Investoren bei Gewinnausschüttungen beteiligt werden. Sofern alle Finanztransaktionen auf der Blockchain stattfinden, ist das Verfahren nicht nur transparent, sondern auch vollkommen automatisierbar. Weitergedacht kann aus einfachem Crowdinvesting eine Art dezentraler Venture-Fonds werden, bei dem die Investoren nicht nur an den Profiten beteiligt sind, sondern auch mitbestimmen können, was mit den eingezahlten Geldern geschehen soll. Auf der Ethereum-Blockchain wurde ein solches Konzept unter dem Namen The DAO Mitte 2016 realisiert.

DAO steht dabei für Dezentrale Autonome Organisation und beschreibt eine Organisation, die dezentral aufgestellt ist und selbständig Entscheidungen auf der Basis der zugrundeliegenden Smart-Contracts trifft. In The DAO konnten Investoren, die in einem zwischen April und Mai 2016 stattgefundenen DAO-Token-Sale Anteile an jener DAO kauften, Vorschläge für die Verwendung des Geldes einreichen und über dieselben abstimmen. Die Vorschläge selbst waren nicht einfache textliche

Proposals, sondern wurden mitsamt einem Smart-Contract eingereicht, der die Art der Auszahlung der erfragten Förderung sowie beispielsweise eine Gewinnbeteiligung für die Investoren regelte. All dies war für jeden Teilnehmer unabhängig von der Höhe seines Investments einsehbar, so dass prinzipiell jeder zu jedem Zeitpunkt über sein Geld bestimmen konnte. Die Idee fand weltweit sehr viele begeisterte Anhänger, sodass umgerechnet 100 Millionen Euro in The DAO geflossen sind und so die dezentrale Organisation zum größten Crowdsale der Geschichte wurde.

Leider ist das Experiment The DAO gescheitert: ein noch unbekannter Hacker (bzw. eine Gruppe derselben) konnte bestimmte Mechanismen der zugrundeliegenden Smart-Contracts derart ausnutzen, dass sehr viel Geld zur Seite geschafft werden konnte. Es brauchte einen Hard-Fork, eine signifikante Protokolländerung Ethereums und einen Split in der Community, bei der Ethereum Classic entstand, dass die Investoren wieder zu ihrem Geld kamen.

Dennoch ist die Idee einer dezentralen Organisation weiterhin lebendig: im Ethereum-Ökosystem werden neue Konzepte, die an The DAO erinnern, genauer untersucht – sei es für wohltätige Zwecke wie die Charity DAO oder als virtueller Accelerator wie bei Ether.Camp. In Deutschland hat sich Ende 2016 eine Organisation namens Strom.DAO gegründet, die das DAO-Prinzip auf das Geschäftsmodell der Stromdienstleister übertragen hat. Es lohnt sich daher, die Ethereum-Community bezüglich neuer dezentraler autonomer Organisationen intensiv zu verfolgen.

Dezentrale Governance in DASH

Auch außerhalb von Ethereum existieren ähnliche Ideen: Das Governance-System hinter der Währung DASH gibt allen Betreibern von sogenannten Masternodes ein Stimmrecht, mit dem sie darüber verfügen können, was mit dem erwirtschafteten Geld im DASH-Ökosystem geschehen soll. Masternodes sind dabei in etwa das Analogon zu den Nodes im Bitcoin-Netzwerk: sie speichern nicht nur die gesamte Blockchain und überprüfen, ob alle Transaktionen den Konsensregeln des Netzwerkes entsprechen, sondern anonymisieren und bestätigen auch alle Transaktionen. Da diese Aufgaben ähnlich wichtig wie die der Miner sind, werden sie an den Mining-Rewards mit 45% beteiligt, sodass sich das Hosten einer Masternode auf lange Sicht theoretisch lohnen kann. Ein solches Investment, so interessant die Mitbestimmung beim DASH-Netzwerk auch sein mag, ist eine schwierige Entscheidung: ein Masternode-Betreiber legt eine Sicherheit von 1.000 DASH zurück – quasi als Garantie, dass ihm das Netzwerk wirklich wichtig ist. Nach aktuellem Kurs (Stand Mai 2017) muss ein potentieller Investor also über 90.000 Euro investieren – hinzu kommen die Investitionskosten in die Hardware sowie die laufenden Stromkosten.

Um eine Zentralisierung des Systems in den Händen weniger reicher DASH-Besitzer zu vermeiden, ist es möglich, sich an Masternode-Shares zu beteiligen. Letztlich ähnelt dieses Konzept dem Cloud-Mining: verschiedene Anbieter ermöglichen Investoren, die die 1.000 DASH nicht aufbringen können, mit einem Anteil dieses Deposits an den Ausschüttungen für die Masternodes beteiligt zu werden. Auch wenn man keine Mitbestimmungsrechte bei eingereichten Proposals erwirbt und Ausschüttungen durch eine Gebühr zusätzlich verringert werden, ist dies eine bestehende Möglichkeit, um in ein dezentrales Netzwerk zu investieren – verbunden mit ähnlichen Risiken, wie sie auch beim Cloud-Mining zu beachten sind.

Peer-to-Peer-Lending - Kreditvergabe ohne Bank

Das Peer-to-Peer-Lending ist prinzipiell älter als das Bankensystem. Es bezeichnet die Vergabe von Krediten einer Privatperson an eine Privatperson. Peers sind im deutschen gleichrangige Personen. Der Markt für Peer-to-Peer-Kredite wächst stetig. Mithilfe von Kryptowährungen wird eine solche Kreditvergabe sogar vereinfacht, sodass theoretisch jeder jedem mit einem Kredit über Bitcoins oder anderen digitalen Währungen aushelfen kann.

Der Peer-to-Peer-Lending-Markt

Aktuelle Zahlen für den Peer-to-Peer-Sektor sind bei einer Reihe von Konsortien einzusehen. So gibt es die peer2peer Finance Association für den Raum Großbritannien. Im ersten Quartal 2016 belief sich die Gesamtsumme aller Kredite auf 5,1 Milliarden Britische Pfund, im vierten Quartal 2016 bereits auf 7,3 Milliarden Britische Pfund. Die Kreditvergabe beschränkt sich dabei nicht nur auf Individuen: 4,3 Milliarden GBP der 7,3 Milliarden entfielen auf geschäftliche Kredite.

China, das Land mit den größten Bitcoin-Minern, erlebte ebenso ein Wachstum im P2P-Bereich. Im Jahr 2015 wurden knapp 900 Milliarden Renminbi (rund 120 Milliarden Euro) an P2P-Plattformen gehandelt. Eine Prognose sieht bis 2019 ein Wachstum auf bis zu 3.250 Milliarden Renminbi vor. Die Zahl der Plattformen für P2P steigt dort ebenfalls: 2015 waren es noch knapp 3000, wenngleich die genaue Zahl durch eine schlechte gesetzliche Regulierung schwankte. Durch die Einführung neuer Regulierungen versuchte die chinesische Regierung dem chaotischen P2P-Markt Ordnung aufzuzwängen. Eine Prognose sieht bis zum Jahr 2018 insgesamt 5500 Plattformen für P2P-Lending in China. Eine Studie der Transparency Market Research schätzte die globale Größe des Peer-to-Peer-Markts 2015 auf rund 26 Milliarden US-Dollar ein. Bis 2024 soll der Markt bis auf knapp 900 Milliarden US-Dollar anwachsen.

Auf dem US-amerikanischen und europäischen Markt finden sich unter den größten Marktplätzen für traditionelles P2P LendingClub Corporation (LC), Zopa, Prosper Marketplace, Upstart, Funding Circle, CircleBack Lending, Peerform, Pave, Daric, Borrowers First, SoFi, Ratesetter und Auxmoney.

Da die meisten gesetzlichen Rahmenwerke für P2P-Lending aber noch in den Kinderschuhen stecken, gab es in vielen Ländern Probleme zwischen Plattformen und den Finanzbehörden. Die erwähnte Regulierung in China war ein direktes Ergebnis eines turbulenten Marktes, auf dem sich neben rechtschaffenden Anbietern auch Betrüger und Abzocker aufhielten. Es ist also Vorsicht geboten, bevor man auf einem P2P-Lending Marktplatz handelt. Genau wie bei Scamcoins gilt hier, sich zunächst genau über die Unternehmen zu informieren, deren Dienste man nutzen will.

Peer-to-Peer-Lending mit digitalen Währungen

Es gibt Krypto-Börsen wie Poloniex, die eine Form der Kreditvergabe anbieten. Meist handelt es sich hier um Kurzzeit-Kredite (Durchschnitt: 2 Tage), die für das Margin Trading eingesetzt werden. Dies soll Spekulanten eine größere Rendite bei kleinerem Einsatz ermöglichen. Jedoch ist das Risiko durch Kursschwankungen relativ hoch. Verspekuliert man sich hier, haftet man mit seinen verbleibenden Coins. Sind keine weiteren Coins vorhanden, gibt das Know-Your-Customer-Verfahren Poloniex Auskunft über die Identität des Schuldners.

Die P2P-Lending-Plattformen bauen ihren Service zusammen mit Banken auf. Das traditionelle Bankensystem ist jedoch häufig träge und ineffizient. Überweisungen sind teuer und langsam im Gegensatz zu Zahlungen mit Kryptowährungen, die beinahe in Echtzeit vollzogen werden. Für Banken ist der P2P-Markt noch relativ jung. Noch jünger ist der Markt hierfür im Bereich der Kryptowährungen. Es verwundert daher nicht, dass es auf dem europäischen Markt derzeit nur ein Unternehmen hierfür gibt: Bitbond. Das Unternehmen aus Deutschland besitzt eine Lizenz der Bundesanstalt für Finanzdienstleistungsaufsicht (BaFin). Eine solche Lizenz ist auf dem deutschen Markt ein Muss und ein Zeichen für ein vertrauenswürdiges Unternehmen. Bitbond arbeitet mit Bitcoin als Zahlungsmittel. Dies reduziert die Überweisungskosten und die Überweisungsdauer und erhöht so die Servicequalität für die Nutzer. Die Wahrscheinlichkeit, dass ähnliche Dienste wie Bitbond in den nächsten Jahren entstehen werden, ist hoch.

Ein großer Vorteil an der Nutzung von digitalen Währungen für diesen Sektor ist, dass digitale Währungen ein global umspannendes Netzwerk darstellen. Die Darlehen werden auf der Website zwar mit US-Dollar nominiert, doch verbirgt sich dahinter im Fall von Bitbond Bitcoin. Dies bedeutet, dass es durch Kryptowährungen unerheblich wird, ob ein Darlehensnehmer nun in Neuseeland sitzt und ob er seinen Kredit von Italienern, Amerikanern oder Chinesen erhält. Ein weiterer Vorteil ist die Einbeziehung einer großen Masse an Menschen, die kein Bankkonto besitzen. Im Jahr 2016 besaßen circa 56% aller erwachsenen Menschen auf der Welt kein Bankkonto. Bitbond und neue Projekte wie Humaniq und WeTrust wollen diesen riesigen Prozentsatz an Menschen durch ihre Dienste mit in die Weltwirtschaft einbeziehen.

Die Zielgruppe für solche Darlehen beläuft sich zurzeit zunächst auf Selbstständige und Kleingewerbetreibende. Zwar lassen sich laut Bitbond-Webseite bereits Kredite von 10.000 US-Dollar mit einem Zinssatz von 7,7% aufnehmen, doch Zinssätze von über 20% sind dort aufgrund des größeren Ausfallrisikos, das Selbstständige als Kreditnehmer darstellen, eher der Durchschnitt. Die Kreditnehmer werden in verschiedene Ratinggruppen eingeteilt. Bitbond bedient sich bei der Einschätzung des Kreditnehmers eines Algorithmus, der auf maschinellem Lernen basiert. Die Kreditdauer ist variabel und kann zwischen 6 und 60 Monaten betragen. Kreditnehmer stellen sich vor und weisen auf ihre Webseiten oder Online-Stores hin. Kundenrezensionen und Hintergründe zur Person, zum Einkommen und Wohnort runden das Gesamtbild ab. Rückmeldungen vom Kreditnehmer geben zudem einen Einblick in den Umgang mit dem geliehenen Geld.

Bei einem Investment in solche Kredite sollte man so viele Informationen wie möglich über den Kreditnehmer in Erfahrung bringen. Dazu stellt man sich am besten Fragen wie "Gibt es einen Markt für dieses Produkt?" oder "Scheint der Kreditnehmer in der Lage zu sein dieses Geschäft gewinnbringend zu führen?". Dabei ist es möglich Fragen an den Kreditnehmer über einen Chat auf der Webseite zu stellen.

Außerdem sollte beachtet werden, dass das Geld für die Kreditlaufzeit nicht verfügbar ist. Das Geld kann nicht sofort zurückverlangt werden, sondern wird über den Zeitraum in regelmäßigen Abständen zurückgezahlt. Einen Account bei Bitbond einzurichten ist relativ selbsterklärend. Sobald der Account eingerichtet ist, kann man das dortige Wallet mit Bitcoins befüllen und direkt investieren. In den meisten Fällen investieren mehrere Kreditgeber in eine Kreditanfrage.

Um ein wenig Vielfalt in seine Anlagestrategie zu bringen und gleichzeitig anderen Leuten beim Aufbau ihres Geschäfts zu helfen, kann das Peer-to-Peer-Lending eine durchaus erwägenswerte Option sein.

Schlusswort

Es ist abschließend festzuhalten, dass Kryptowährungen als eigenständige Anlageklasse eine vollkommen neue Möglichkeit bieten Geld anzulegen, wenngleich viele Muster, Chancen und Risiken stark an traditionelle Anlageklassen wie Aktien oder Edelmetalle erinnern. Bei der Investition in Kryptowährungen gilt wie bei anderen Anlageklassen auch, dass großen Chancen große Risiken gegenüberstehen. Die Gesetze des Marktes gelten auch im Blockchain-Ökosystem und an den Schnittstellen zum traditionellen Finanzsektor.

Was bedeutet dies für Investoren? Es gilt, genau hinzuschauen und Entscheidungen rational zu treffen anstatt aus dem Bauch heraus. Gerade bei neu erscheinenden Kryptowährungen, die etwa im Rahmen eines ICOs emittiert werden, sollte der Mehrwert des neuen Coins kritisch hinterfragt werden. Ebenfalls sollte der Grundsatz der Diversifikation stets im Auge behalten werden, um sogenannte Klumpenrisiken zu vermeiden.

Mit einem kühlen Kopf, einem guten Grundlagenwissen über Finanzmärkte und einem ausreichenden Verständnis zu Kryptowährungen stehen die Chancen gut, mit klugen Investitionen eine ordentliche Rendite zu erzielen. Ob man dabei als kurzfristiger Spekulant oder als langfristiger Investor agiert, ist letztlich eine Frage, die jeder Investor für sich selbst entscheiden muss. Die Anlagestrategien können daher – je nach individuellen Präferenzen und Risikoprofil – von der konservativen Absicherung eines zyklischen Aktienportfolios durch Kryptowährungen bis zu einer hochriskanten Finanzspekulation reichen.

Eine Besonderheit der Kryptowährungen ist, dass die Investmentmöglichkeiten weit über die der Fiatwährungen hinausgehen können. Durch die Blockchain-Technologie wird eine gesamte Infrastruktur zu den digitalen Währungen mitgeliefert, die neuartige Anlagemöglichkeiten wie etwa das Mining möglich macht. Auch hier gilt es, die Geschäftsmodelle genau unter die Lupe zu nehmen und versprochene Renditen in Relation zu einem realistischen Erwartungshorizont zu setzen.

Sehr wahrscheinlich werden in absehbarer Zeit auch regulierte Finanzprodukte von Banken oder Investmentgesellschaften zur Verfügung stehen, die Kryptowährungen abbilden. Erste Zertifikate gibt es bereits und auch einige Hedge Fonds investieren in Kryptowährungen. Wann ein Indexfond auf Bitcoin oder andere Kryptowährungen für eine breite Masse an Anlegern zur Verfügung stehen wird, ist noch nicht genau vorherzusagen. Eines ist aber sicher: wenn die heimischen Privatbanken und Sparkassen beginnen Investmentfonds auf Kryptowährungen anzubieten, dann werden viele Milliarden an frischem Kapital in die digitalen Währungen fließen – signifikante Kurssteigerungen sind dann naheliegend.

Es lässt sich resümieren, dass trotz aller Vorsicht letztlich optimistisch und chancenorientiert auf die neue Anlageklasse der Kryptowährungen geschaut werden kann. Gleichzeitig ist festzuhalten, dass sich die Entwicklung des gesamten Markts noch in einem sehr frühen Stadium befindet. Die Fortschritte in den nächsten Jahren werden enorm sein, sodass es unmöglich ist konkrete Aussagen zur künftigen Marktentwicklung zu geben. Umso wichtiger ist und bleibt es daher, diesen neuen Markt der Kryptowährungen aktiv zu verfolgen und den eigenen Kenntnisstand kontinuierlich aufzufrischen.

Quellenverzeichnis

KAPITEL 1: WARUM IN DIGITALE WÄHRUNGEN INVESTIEREN

ARD Börse;
http://boerse.ard.de/boersenwissen/boersengeschichte-n/geldvermoegen-der-deutschen-waechst-trotz-niedrigzinsniveaus100.html

Börse;
http://www.boerse.de/boersenlexikon/Anlageklasse

Deutsche Bundesbank;
https://www.bundesbank.de/Redaktion/DE/Pressemitteilungen/BBK/2016/2016_10_19_geldvermoegensbildung.html

Forbes;
https://www.forbes.com/sites/laurashin/2016/06/02/4-reasons-why-bitcoin-represents-a-new-asset-class/#2821d7733426

Gräber, David (2012);
Schulden: Die ersten 5000 Jahre. Klett-Cotta.

Handelsblatt;
http://www.handelsblatt.com/finanzen/geldpolitik/europaeische-zentralbank-diese-unternehmensanleihen-kauft-draghi/13891984.html

Landeszentrale für politische Bildung Baden Württemberg;
https://www.lpb-bw.de/finanzkrise_griechenland.html

Spiegel;
http://www.spiegel.de/wirtschaft/service/inflation-in-venezuela-geld-wie-wackerstein-a-1101154.html

W. Burniske / A. White. Bitcoin;
Rininging the bell for a new investment class

Januar 2017. http://research.ark-invest.com/hubfs/1_Download_Files_ARK-Invest/White_Papers/Bitcoin-Ringing-The-Bell-For-A-New-Asset-Class.pdf

Wirtschafwoche;
http://www.wiwo.de/unternehmen/banken/notenbanken-kaufen-unternehmensanleihen-so-manipulieren-ezb-und-co-den-markt/14491062.html

Zeit Online;
http://www.zeit.de/politik/deutschland/2017-04/europapolitik-griechenland-krise-sparpolitik-deutschland-bundestagswahl

KAPITEL 2: DIGITALE WÄHRUNGEN

Coinmarketcap;
https://coinmarketcap.com

Poloniex;
Poloniex.com

Anycoin Direct;
https://anycoindirect.eu

Bitcoin.de;
https://bitcoin.de

Localbitcoins;
https://localbitcoins.com

Bitcoin Paper Wallet;
https://bitcoinpaperwallet.com/wallet-tutorial-add-withdraw-funds/

Bitcoin.org;
https://bitcoin.org/de/waehlen-sie-ihre-walletBitcoin wiki;
https://en.bitcoin.it/wiki/Multisignature

Ryan Castelluccis Blog;
https://rya.nc/cracking_cryptocurrency_brainwallets.pdf

KAPITEL 3: INVESTMENTSTRATEGIEN

Bitbond;
https://www.bitbond.com/de/ressourcen/bitcoin-investieren/

Blackrock;
https://www.blackrock.com/de/privatanleger/wissenswertes/gewusst-wie/einfach-investieren/anlageklassen?siteEntryPassthrough=true&locale=de_DE&userType=individual

Gevestor;
http://www.gevestor.de/details/so-koennen-sie-ihr-vermoegen-in-verschiedene-anlageklassen-investieren-743980.html

Investopedia;
http://www.investopedia.com/articles/investing/052014/why-bitcoins-value-so-volatile.asp

Der Fall MtGox;
https://www.heise.de/newsticker/meldung/Untergang-der-Bitcoin-Boerse-Mt-Gox-Ermittlungen-deuten-auf-Insider-Tat-2507602.html

Das Schicksal von Cryptsy;
https://www.btc-echo.de/cryptsy-pleite-bitcoin-raub-2016011501/

Weiteres zu Bitfinex;
https://www.btc-echo.de/kunden-berichten-gestohlene-bitcoin-bitfinex-offline/

Shapeshift;

shapeshift.io

Bitsquare;
https://bitsquare.io/

Jaxx;
https://jaxx.io/

Einführung in Margin Traing;
http://cryptopotato.com/bitcoin-altcoins-margin-trading-beginners/

Margin Trading und Lending als Beispiel auf Poloniex;
https://poloniex.com/support/aboutMarginTrading/
ps://themerkle.com/top-7-ways-to-short-bitcoin/

Allgemeine Einführung in die technischen Analyse;
http://www.investopedia.com/university/technical/

Dr. Alexander Elder - Trading for a living;
Generelle Einführung in die Fundamentalanalyse - Benjamin Graham, The intelligent Investor

HAAS-Bot;
https://www.haasonline.com/

Poloniex Lending Bot;
https://www.poloniexlendingbot.com

Cryptotrader;
https://cryptotrader.org/

KAPITEL 4: ALTERNATIVE INVESTMENT-MÖGLICHKEITEN

Handelsblatt
http://www.handelsblatt.com/finanzen/anlagestrategie/fonds-etf/schwerer-kurseinbruch-sec-lehnt-bitcoin-fonds-ab/19503396.html

Vontobel;
https://zertifikate.vontobel.com/DE/blog/Artikel/bitcoin-die-digitale-m-nze?WT.mc_id=37170

BTC-ECHO;
https://www.btc-echo.de/wie-waehlt-man-ein-gutes-krypto-investment-in-der-ico-phase/

BTC-ECHO;
https://www.btc-echo.de/funtamentalanalyse-von-kryptowaehrungen/

Augur White Paper;
https://bravenewcoin.com/assets/Whitepapers/Augur-A-Decentralized-Open-Source-Platform-for-Prediction-Markets.pdf

Iconomi;
https://www.iconomi.net/

ZrCoin;
https://zrcoin.io

Allgemeine Einführung in Ethereum (BTC-ECHO);
https://www.btc-echo.de/was-ist-ethereum-ether/

Slockit;
https://slock.it/

Share and charge;
https://shareandcharge.com

Lisk;
https://lisk.io/

IOTA;
https://www.iotatoken.com/

RSK (Rootstock);
http://www.rsk.co/

Darstellung DAO Token Sale;
https://www.btc-echo.de/einfuehrung-dao-token-sale/

Masternode-Konzept in DASH;
https://dashpay.atlassian.net/wiki/display/DOC/Masternode

Masternode-Shares in DASH;
http://dashmasternode.org/masternode-shares/

18235531R00077

Printed in Poland
by Amazon Fulfillment
Poland Sp. z o.o., Wrocław